Herderbücherei

Band 851

Über das Buch

Also, es gibt wirklich reizende Menschen, die auf selbstlose Art und Weise um unser Wohl besorgt sind. Sie zerbrechen sich pausenlos den Kopf um unsere Angelegenheiten, decken uns mit guten Ratschlägen ein, sehen schwarz für uns in die Zukunft und konstatieren, daß wir wieder einmal besonders elend aussehen. Schade nur, daß sie uns so hoffnungslos auf die Nerven gehen, obwohl sie es so gut meinen! Und dann gibt es noch die, in deren Beruf schon Ärger eingebaut sein kann: Zahnärzte, Steuerberater, Hebammen, Verkäuferinnen und andere mehr, von denen es schon immer solche und solche gegeben hat. Zu wieder anderen ist das Verhältnis leicht gestört, weil sie chronisch unpünktlich sind oder alles besser wissen, weil sie sich überall als Kenner aufspielen oder wie ein soziologisches Lehrbuch daherreden, weil sie sich als Spezialisten für faule Ausreden erweisen oder ständig beleidigt sind – also wirklich lauter reizende Menschen, die zum Glück oft nicht die blasseste Ahnung davon haben, wie sehr sie uns reizen. Aber auch die Leute, die wir wirklich gern haben, können uns mit ihren Marotten manchmal ganz hübsch in Ärger oder gar in Wut versetzen – wir sie aber übrigens auch!

Über die Autorin

Heilwig von der Mehden ist 1923 in Essen an der Ruhr geboren. Sie lebt in Bonn und war verheiratet mit Conrad Ahlers. Mit einer Gesamtauflage von 650 000 Exemplaren ist sie eine der erfolgreichsten Autoren der Herderbücherei.

Heilwig von der Mehden

Vier Wände und ein Gartenzaun
Doch wie's da drin aussieht...
Band 613, 128 Seiten, 5. Aufl.

Und was tun, wenn nichts zu tun ist?
Von den Freuden und Leiden der Freizeit
Band 658, 128 Seiten, 4. Aufl.

Schön ist es auch anderswo...
Wir gehen auf die Reise
Band 714, 128 Seiten, 3. Aufl.

Backfischchens Leiden und Freuden
Wie Großmama erzogen wurde
Band 750, 192 Seiten, 2. Aufl.

Die Fliege an der Wand
Worüber man sich ärgert
Band 774, 144 Seiten, 2. Aufl.

in der Herderbücherei

Heilwig von der Mehden

Lauter reizende Leute …

man merkt es nur nicht immer

Herderbücherei

Originalausgabe
Veröffentlicht als Herder-Taschenbuch
Buchumschlag: Kristine Rothfuß-Rietmann

Herder Freiburg · Basel · Wien
Herstellung: Freiburger Graphische Betriebe 1981
ISBN 3-451-07851-1

Inhalt

Ab morgen wird gespart!

Immer wieder hört man von schwerreichen Leuten, die sich bei dieser oder jener Gelegenheit als besonders sparsam (um nicht zu sagen: geizig) erwiesen haben. Sie tragen grundsätzlich kein Geld bei sich und schnorren, wo sie können, sie streiten sich mit Oberkellnern um Pfennigbeträge, tragen ihre Kleidungsstücke, bis sie auseinanderfallen, und schwören auf einen Wein, der jeder Beschreibung spottet. Außerdem nehmen sie auch von Freunden für kleinere verborgte Summen Zinsen und kassieren Strom- und Wassergeld, wenn sie Gäste in einem ihrer zahlreichen Sommer- und Winterdomizile hatten. Wenn aber dann – über so viel Sparsamkeit bei solchem Reichtum – geklatscht wird, so taucht auch immer wieder die Frage auf, ob diese Leute nicht vielleicht deshalb so reich geworden sind, weil sie so konsequent auf den Pfennig schauen und seit soundso viel Jahren alles das, was andere Leute so sorglos ausgeben, immer wieder angelegt haben – natürlich mit besonderem Geschick, denn nur mit Geiz allein kann man doch wohl kaum Millionen sammeln.

Wenn man dann allerdings einmal selbstkritisch in sich hineinblickt, muß man ein wenig geniert feststellen, daß man auch von Zeit zu Zeit unter ausgesprochenen Anwandlungen von Sparsamkeit im kleinen leidet, die allerdings bei unsereinem kaum dazu geeignet sind, finanzielle Lücken zu schließen, die man an anderer Stelle aufgerissen hat. So muß man etwa dreißig Jahre lang bei jeder sich bietenden Gelegenheit die Flurlampe ausknipsen, bis man die hochkünstlerische Luxustapete im Flur wieder eingespart hat. Aber nichtsdestotrotz ist gerade die Methode, durch Ausknipsen einer im Augenblick nicht benötigten Beleuchtung nennenswerte Ersparnisse zu erstreben, weit verbreitet. Und besonders manch heimkehrender Hausherr, der sein Heim nur mit einer Person bevölkert, aber in strahlender Festbeleuchtung vorfand, hat schon in dieser Tatsache den Grund dafür ausgemacht, daß Grünewalds von nebenan ein Eigenheim zusammengespart haben und er nicht. Ganz sinnlose Anfälle von Sparsamkeit erlebt übrigens auch jene Hausfrau, der die Kosten für eine Party über den Kopf wachsen: Delikatessen, Getränke, Steaks, feinster Käse und ein neuer Rock sollen sein, aber plötzlich ertappt sie sich dabei, daß sie Salzstangen zählt und hofft, daß die Papierservietten und Kerzen noch ausreichen. Früher pflegte man in solchen Fällen auch an der „guten" Butter zu sparen, aber da ja heute sehr diätbewußt gelebt wird, ist ohnehin der Butterverbrauch eingeschränkt.

Überhaupt erwiesen sich die verschiedensten Methoden, am Haushalt größere Summen einzusparen, nicht immer als besonders wirkungsvoll. Ich erinnere mich beispielsweise an ein Sonderangebot in Dauerwurst, das ein Äquivalent für die erschreckend hohen Mietkosten der Ferienwohnung sein sollte. In der Tat erwies sich diese Wurst nicht nur als billig, sondern auch als besonders sparsam im Verbrauch, weil sie ohne jede Begeisterung konsumiert wurde; gleichzeitig stiegen aber die Unkosten für Käse und anderen Brotbelag, so daß diese Sparsamkeit das Budget ebenso minimal entlastete wie der Versuch, den allzu sorglosen Umgang mit Sonnenöl einzudämmen. Andere Sonderangebote geben einem wirklich Gelegenheit, Pfennige, Groschen oder gar Markstücke zu sparen. Daß man bei der eifrigen Ausnutzung dieser Möglichkeiten trotzdem nicht zum Millionär wird, liegt daran, daß jede Million eben sehr viele Pfennige hat. Beim Einkauf etwa größerer Mengen Sauerkirschen oder Schildkrötensuppe, die sehr günstig zu bekommen waren, kann man nicht soviel Geld auf die Seite legen, wie man es hätte tun können, wenn man auf diese Dinge ganz verzichtet hätte – aber wer geht schon an einem Sonderangebot vorbei?

Zuweilen aber macht der Mensch doch echte Ersparnisse, die ihn danach auch mit echter Freude erfüllen, selbst wenn die reale Summe äußerst klein ist: Da gibt es die Parkuhr, die keine Groschen mehr aufnimmt, der freie Tag im Museum, die zwanzig Pfennig, die aus dem öffentlichen Fernsprecher wieder herausfallen, die ungestempelte Briefmarke und die Autobahnraststättentoilettentür, die sich normalerweise nur gegen Einwurf von Bargeld öffnet, aber manchmal auch offensteht. Solche Türen werden übrigens von Besucher zu Besucher weiterempfohlen, was darauf schließen läßt, daß auch andere Leute hin und wieder den Pfennig ehren. Leider machten aber auch diese Ersparnisse das Reisen, im ganzen gesehen, nicht sehr viel billiger. Da schlägt es schon eher zu Buch, wenn man ganz ehrlich im Zug nachlösen wollte, und zwischen Bonn und Düsseldorf ließ sich kein Schaffner sehen, was ganz sicher unter die kleinen Freuden zu rechnen ist.

Als wir in der Schule die Zins- und Zinseszinzrechnung lernten, bejammerte eine Freundin sehr, daß nicht einer ihrer Vorfahren auf die Idee gekommen war, vor fünfhundert Jahren nur eine einzige Mark für sie auf die Sparkasse zu bringen. Daraus wäre jetzt ein märchenhaftes Vermögen erwachsen. Vielleicht ist dies ein Vorschlag, im kleinen zu sparen und doch sehr nennenswerte Erfolge zu erzielen. Bloß darf dann keine Inflation kommen.

Im Fernsehen ist die Welt nicht heil

Ganz sicher gibt es Leute, die nach einem arbeitsreichen Tag nur gute Bücher lesen, Hausmusik ausüben und kluge Gespräche führen – die werden mich verachten, wenn ich berichte, daß ich schaue, was das Fernsehen so bringt. Das passiert nicht allzu selten, und so weiß ich oft schon am Anfang, wie es weitergeht. Da handelt es sich beispielsweise um einen Lehrling, einen netten Knaben. Am liebsten möchte ich ihm gleich zu Beginn zurufen: „Junge, gib's auf! Ehe anderthalb Stunden herum sind, bist du mit deinen Eltern hoffnungslos zerstritten (sofern du das nicht schon von Anfang an warst), von deinen Vorgesetzten verständnislos behandelt, und deine Lehrstelle bist du auch los. Bestenfalls bleibt dir eine Freundin, die aber immer so melancholisch blickt, daß sie auch kein wahrer Trost sein kann!" Und wie geahnt, geht es mit dem armen Jungen rauschend bergab.

Auch den Mann, der aus dem Gefängnis kommt, kenne ich in mancherlei Gestalt. Er hat wirklich das Allerbeste im Sinn, und manchmal sagt er auch beim Abschied dem Direktor oder dem Wärter, das er nie mehr zurückkommen will. Sie können ganz sicher sein: Er kommt zurück, zum mindesten, wenn es sich um eine deutsche Produktion und nicht um einen amerikanischen Krimi handelt. Die Wege zurück dorthin über vergebliche Arbeitssuche, zufälliges Treffen mit alten Ganovenfreunden und so weiter kenne ich auch schon, nur bei seinen Frauen gibt es verschiedene Möglichkeiten; die guten, die verzweifelt versuchen, den Armen auf dem Pfad der Tugend zu halten, und die bösen, die den Rückfall noch beschleunigen.

Und sollte auf dem Bildschirm auch einmal ein Gastarbeiter auftauchen, so kann man jede Wette eingehen, daß es mit dem armen Kerl schiefläuft.

Schieflaufen – darauf kann man sich heilig verlassen – tut auch jede Ehe; es sei denn, es handle sich um alte Filme, Boulevardkomödien mit knicksenden Stubenmädchen, gnädigen Frauen und ständig Cocktails mixenden Männern oder um Mundartstücke, in denen am Schluß alle immer paarweise glücklich und zufrieden sind.

Aber für jeden Fersehschaffenden, der sich ernst nimmt, ist es unter der Würde, einmal eine Ehe zu retten. Man weiß schon gleich – das Ehepaar kann noch so sympathisch sein –, es gibt Malheur, und zwar unwiderrufliches. Er entdeckt eine andere, sie will sich selbst verwirklichen (und das geht wohl nicht mit einem Mann), ihnen fällt plötzlich nichts mehr ein, was sie miteinander anfangen könnten, oder aber es wird für den Zuschauer gar nicht ganz klar, was sie plötzlich gegeneinander haben. Manchmal möchte sie auch einen anderen, und er hat sich bisher noch nicht selbstverwirklicht – aber man kann ganz sicher sein: Ein ernstgemeintes Ehepaar im Abendprogramm kommt nicht über die Runden. Die Möglichkeit, daß der Lehrling nach allerlei Schwierigkeiten doch noch weiterlernt, der Gefangene und der Gastarbeiter schließlich doch nicht untergehen und gar die Eheleute, nachdem sie sich in erbitterten Kämpfen manche Wunden geschlagen haben, doch noch zusammenbleiben, diese Möglichkeit gibt es zwar in der zugegeben rauhen Wirklichkeit immerzu – jeder von uns könnte dazu etliche Beispiele beitragen –, aber für die Fernsehregisseure wäre das „heile Welt“. Und

„heile Welt“ ist für diese Menschen wohl das allerschlimmste Schimpfwort, das man ihnen antun kann.

Deshalb sorgen die Regisseure nach Möglichkeit auch gewissenhaft dafür, daß in allen Stücken und Geschichten, wo es bisher immer gut ausging, die Sache am Ende doch noch irgendwie mies aussieht. Wenn man nicht gerade einen ausgeprägten Sinn für bestimmte Sorten von Humor hat, kann man auch gewiß sein, daß man als Zuschauer nichts zu lachen bekommt.

Mein Großvater, der Albernheit und Gekicher bei jungen Leuten ganz und gar nicht ausstehen konnte, wäre sicher hellauf begeistert gewesen von all den tiefernsten Schülern und Lehrlingen nebst Mädchen, die offensichtlich alle von morgens bis abends an ihren Problemen knabbern. Daß gar ein Ehepaar einmal lacht, kommt fast nur in anspruchslosen Fernsehproduktionen vor.

Und heute abend haben wir wieder einmal eine „Randgruppe“!

Kundin bei einem Haar-Stylisten

In diesem Sommer erschienen Ameisen in der Küche des Ferienhauses, das ein Freund von uns günstig erstanden hatte. Sie erschienen in geschlossener Formation und liefen auf einer deutlich sichtbaren Bahn zwischen Kuchen und Brot (auf der Anrichte), Likör (auf der Fensterbank) und Butter und Marmelade (auf dem Küchenschrank) geschäftig hin und her. Ameisenmittel vertrieben sie nur tageweise, so daß man schließlich auf einen jener Herren angewiesen war, die früher den zutreffenden Namen Kammerjäger führten. Es war gar nicht so einfach, einen solchen zu finden, was nicht zuletzt daran lag, daß der eine unter der Berufsbezeichnung „Entwesungsspezialist" und der andere gar unter „Institut für Raumhygiene" arbeitete. Sie reihten sich damit würdig in die Gruppe jener Herrschaften ein, die unter sehr gewählten Bezeichnungen uralte Berufe betreiben. Daß ein Schneider oder eine Schneiderin als „Couturier" einen „Salon der Haute Couture" führt, gibt es schon lange, und manchmal ist es ja auch wirklich Haute Couture. Auch den „Frisiersalon" gab es schon zu Großmutters Zeiten, obwohl man unter einem „Salon" ganz sicher etwas anderes versteht als einen Raum mit vielen Haarwaschbecken und Trockenhauben. Jetzt aber gibt es auch noch den „Salon der Figur", worunter man sich einen Raum mit Turn- und Massagegeräten vorzustellen hat, und den „Salon de

Beauté", in dem gewöhnlich eine Kosmetikerin am Werke ist, die seit neuestem häufig unter dem Titel „Visagistin" arbeitet, was genaugenommen eine nicht ganz zutreffende Bezeichnung ist. Aber allzu genau sollte man es ja auch nicht nehmen.

Es ist noch gar nicht so lange her, da lächelte man über die damals ganz neue Bezeichnung „Raumpflegerin" anstatt der alten „Putzfrau". Inzwischen ist die „Raumpflegerin" ganz selbstverständlich geworden, und man hat auch längst gelernt, daß kein Lehrling mehr „Lehrling" genannt werden darf, sondern unter dem Titel „Auszubildender" geführt wird, was sicher nicht besonders hübsch und zudem noch sehr passiv klingt. Hat der Auszubildende seine Ausbildung beendet, so nennt er sich häufig nicht mehr beispielsweise „Friseur", sondern er heißt jetzt „Coiffeur" oder, was noch viel feiner ist, „Haar-Stylist". Oder er ist nicht Klempner, sondern der Leiter eines „Sanitär-Studios".

Studios gibt es überhaupt wie Sand am Meer. Natürlich arbeitet der Haar-Stylist in einem „Haar-Studio", Platten, Radios, Stereoanlagen und Tonbänder ersteht man in einem „Musikstudio", und Möbel kauft man natürlich im „Studio für Raumgestaltung", falls man es nicht vorzieht, den „Internationalen Möbelmarkt" zwecks Einkauf eines Küchenstuhls aufzusuchen. Selbstverständlich gibt es ein Tapetenstudio, ein Küchenstudio und ein Krawattenstudio, und wenn ich auch bisher vergeblich nach einem „Studio für Fleisch- und Wurstwaren" Ausschau gehalten habe, so gibt es doch immerhin ein „Hosenstudio". Aber Hosen sind nicht auf das Studio beschränkt, man bekommt sie auch in der „Hosen-Galerie" oder im „Jeansshup", wo man bei letzterem auf das falsch aussehende „U" zu achten hat, was dem Geschäft den richtigen feschen Anstrich gibt. Und wenn man im „Jeansshup" immer noch nicht die gewünschten edelverwaschenen Jeans in der richtigen, zu engen Größe gefunden hat, kann man noch ins „Jeans-Center" vorstoßen, um da sein Glück zu versuchen. „Center" gibt es natürlich auch eine ganze Menge. Alles für den Garten, fürs Hobby, für die Füße – man findet es im entsprechenden Center. Genaugenommen sind dies alles natürlich Läden, winzig kleine oder ganz große; Läden jedoch gibt es eigentlich nur noch im Zusammenhang mit Kindern. Neulich dagegen las ich in einer kleinen Stadt wunderschön an eine Wand gemalt: „Lebensmittel-Geschäft". Da fiel mir erst einmal so richtig auf, daß wir immer „Laden" oder „Geschäft" sagen, daß diese Bezeichnungen aber nie angeschrieben werden. Genauso wie – Hand aufs Herz – eigentlich immer jeder noch „Putzfrau" und „Friseur" sagt.

In einem uralten, streng moralischen Buch, das ich irgendwo fand, fing der geschäftliche, moralische und familiäre Niedergang eines jungen Schneiders damit an, daß er das ehrwürdige Schild „Schneidermeister", das schon sein Vater hatte machen lassen, durch eins mit der eleganteren Aufschrift „Kleidermacher" ersetzte. Dies, so meinte man damals, mußte ja schiefgehen! Gut, daß sich seitdem die Zeiten ein bißchen geändert haben.

Einkauf in guter Gesellschaft

Manche gehen am liebsten allein einkaufen, was gewiß vieles für sich hat: Man läuft nicht Gefahr, den Gefährten oder die Gefährtin zu ermüden; man gerät nur unter den eigenen Zeitdruck; man braucht sich nicht wegen seiner Entschlußlosigkeit zu genieren, und man wird nicht durch die Stimme der Vernunft von seinen kühnen Anschaffungen abgehalten, bei denen man sowieso schon bis an die Grenze des eigenen Wagemuts geht. Andere wiederum trauen sich nicht, auch nur ein Paar Hauspantoffeln allein zu kaufen, geschweige denn ein Kleid oder einen Mantel: Sie brauchen dringend eine Begleitperson. Ich will hier nicht von jenen Begleitpersonen sprechen, die vor allem zum Zwecke der Finanzierung mitgenommen werden, sondern von den anderen, die aus Nettigkeit, aus Langeweile, aus Gründen eigener Marktforschung, aus Neugierde oder aus welchen Gründen auch immer uns bei Einkäufen auf dem Modesektor begleiten und beraten.

Nicht alle haben wir dabei gern an unserer Seite. Junge Mädchen werden häufig von ihren Müttern an der vollen Entfaltung ihrer originären Persönlichkeit gehindert oder zum Kauf von guter Garderobe überredet, die sie eigentlich gar nicht mögen. Töchter dagegen neigen vielfach dazu, ihre Mütter vor allem seriös kleiden zu wollen, und bemühen sich, ihnen mit mehr oder weniger Takt klarzumachen, daß dies oder jenes doch wohl „nicht mehr" das

Richtige ist. Oder aber sie neigen zum anderen Extrem und suchen mit Bieneneifer gewissermaßen nur solche Sachen aus, die sie selbst gern tragen würden. Aber die Probleme entstehen nicht nur durch verwandtschaftliche Bindungen, auch charakterliche Verschiedenheiten können Mißstimmungen verursachen. Da zieht man beispielsweise mit der zweitbesten Freundin aus, um für die nächste Reise in den Süden ein schickes baumwollenes Waschkleid zu kaufen, und findet einen Traum in Baumwollvoile, der wie angegossen sitzt und einem noch dazu vorzüglich steht – was durchaus nicht immer identisch ist. Und dann entdeckt die Begleitung, eine besonders vernünftige und praktische Person, daß der Traum schlampig genäht ist, daß ein Schildchen im Innern ihn als Kandidaten für die chemische Reinigung ausweist, die er auf Grund seiner unpraktischen Farbe sicher öfter aufsuchen muß, und daß er eigentlich auch reichlich viel Geld kostet. So etwas kann einem ganz schön die Begeisterung nehmen, ja, es kann einen sogar auf ein anderes Gewand umleiten, das zwar allen Anforderungen gerecht wird, aber einen nicht halb so glücklich macht.

Andere Begleiterinnen reden einem mit großer Überzeugungskraft zu, wobei es manchmal schwierig ist, genau zu unterscheiden, ob sie wirklich der Ansicht sind, jetzt habe man die bestsitzende graue Hose der ganzen Innenstadt an, oder ob sie nur, von der vielstündigen Marktforschung auf dem Sektor der grauen Hosen total erschöpft, auf jeden Fall zu einem Ende kommen wollen. Nichts ermüdet nach allgemeiner Erfahrung so sehr wie das Beim-Anprobieren-Dabeistehen – es sei denn das Anprobieren selbst. Natürlich ist das Zureden aus ehrlichem Herzen die allernützlichste Aufgabe der Begleitung, denn oft bedarf es einer gewissen seelischen Unterstützung vor allem bei in dieser oder jener Richtung extravaganten Anschaffungen. Es ist sehr hilfreich, wenn einem eindringlich klargemacht wird, daß man es ewig bereuen wird, wenn man diesen hinreißenden Rock, der zwar ein bißchen teuer und ein bißchen empfindlich und eigentlich nicht genau das ist, was man kaufen wollte, nicht ersteht. Und auch die Versicherung, daß man dieses Rot durchaus nicht zu scheuen braucht, kann Hemmungen hinwegräumen.

Mit Hemmungen, die man gegenüber manchen allzu tüchtigen oder allzu eindrucksvollen Verkäuferinnen zuweilen hat, wird man in Begleitung natürlich auch besser fertig. Es ist sehr nützlich, wenn noch ein zweiter Mensch versichert, daß die Jacke, trotz allen Zurechtzupfens, von hinten gesehen schlecht sitzt und daß das gestreifte Kleid ein ausgesprochener Dickmacher ist.

Eisernes Stehvermögen aber muß man haben, wenn Verkäuferinnen und Begleitung sich miteinander verbünden und einen von etwas überzeugen wollen, das man im innersten Herzen ganz und gar nicht will. Ich habe da so ein Kleid im Schrank hängen …

Wie halten Sie's mit dem Trinkgeld?

Das Ganze ist eine höchst komplizierte Angelegenheit. Es fängt schon bei der Bezeichnung an: Wieso eigentlich „Trinkgeld"? Wollte etwa der Oberkellner eines feudalen Restaurants das, was er unter dieser Bezeichnung einnimmt, in der Tat vertrinken, würde er aus dem Vollrausch nicht mehr herauskommen und selbst auch bei Verzicht auf billige Sorten sein tägliches Pensum kaum schaffen; und auch die hübsche Friseuse, die uns in ihrer Eigenschaft als Auszubildende den Kopf wäscht, macht nicht den Eindruck, als würde sie nach Dienstschluß größere Umsätze in der Getränkebranche verursachen. Dies ist nicht unser Problem. Unser Problem lautet: wann, ob und wieviel? Das bringt bis auf wenige Leute von unerschütterlicher Weltgewandtheit alle immer wieder ins Schleudern.

Zu der Frage „wann?" gibt es in all den Fällen, wo man es über längere Zeit mit Trinkgeldempfängern zu tun hat, die Meinung, man solle sich gleich am ersten Tag oder zur Halbzeit einen besseren Service erkaufen. Als ich mir nach dieser Regel auf einer Schiffsreise die Gunst eines ungeheuer muffigen Stewards zu verschaffen suchte, wurde dieser wegen mannigfaltiger Beschwerden am zweiten Tag woandershin versetzt, sehr zum Schaden unseres Reise-Etats. Andererseits leuchtet der Gedanke ein, daß sich ein großzügiges Trinkgeld am Ende eines längeren Aufenthaltes nicht rückwirkend durch besonders zuvorkommende Bedienung rentieren kann.

Die Frage „ob?“ ist auch nicht immer zufriedenstellend zu klären. Manchmal ist man ganz und gar nicht sicher, ob nicht lediglich ein dankbarer Händedruck angebracht sei. Im allgemeinen gibt man dem Unternehmer nichts – weswegen es immer billiger ist, vom Meister selbst bedient zu werden. Aber wie verhält man sich, wenn der Tankstellenbesitzer seine langjährige Mitarbeiterin ehelicht, die bisher immer etwas bekommen hat? In manchen Ländern übrigens ist es nicht angebracht, Trinkgelder zu geben. Man muß es dort dem Dienstleistungsgewerbe geradezu aufdrängen. Wenn man keinen Ortkundigen fragen kann, ist nur schwer herauszufinden, ob die Betreffenden sehr beleidigt sind, wenn man ihnen etwas gibt, oder ob sie sehr enttäuscht sind, wenn man ihnen nichts aufdrängt. Und während japanische Taxifahrer darauf bestehen, auf Heller und Pfennig herauszugeben, neigen ihre New Yorker Kollegen dazu, einen kaum aussteigen zu lassen, wenn man nicht willens ist, auf den Fahrpreis noch ganz hübsch zuzuzahlen. In den Schlössern und Museen kann man davon ausgehen, daß im allgemeinen die Qualität der Führung im umgekehrten Verhältnis zur Erwartung eines Trinkgeldes steht: Jene biederen Menschen, die seit Jahrzehnten den gleichen Text herunterleiern, rechnen fest damit. Etwas undurchsichtig ist die Sache in den Kirchen: Häufig ist man gar nicht sicher, ob man fürs eigene Seelenheil, für die Erhaltung des Gebäudes, für die Armen etwas spendet oder für das leibliche Wohl des Herrn, der uns das Licht in der Krypta eingeschaltet hat.

Für die Höhe der Zuwendung existieren keine Richtlinien, an die man sich zuverlässig halten könnte. Man weiß nur, daß generell kleinliche Leute zuwenig und Angeber zuviel geben. Nur von Ölscheichs erwarten die wirklich feinen Oberkellner etwa Supertrinkgelder.

Angeblich respektieren sie die mehr, die eine angemessene Summe, als die, die überreichlich geben. Aber was ist nun wirklich angemessen? Vor allem junge Leute tun sich da oft entsetzlich schwer, besonders wenn sie jemanden dabeihaben, dem sie für ihr Leben gern imponieren wollen. So reißt das, was sie einem Herrn zukommen lassen, der oft viel mehr verdient als sie selbst, eine empfindliche Lücke in ihren Etat. Und dabei hat man sie noch nicht einmal so ganz besonders zuvorkommend bedient. Übrigens wird man gleich bei der Ankunft in einem fremden Land mit der Problematik konfrontiert: Was gibt man für's Gepäcktragen? Ahnungslos und mit der Währung nicht vertraut, kann es geschehen, daß man eine ganze Familie eine Woche lang ernährt. Es kann aber auch passieren, daß die schönen großen Münzen, die man so großzügig überreichte, im ganzen sieben und einen halben Pfennig wert waren.

Mit der Dankbarkeit ist es auch so eine Sache. Wie sagte der Berliner Taxifahrer auf die Bemerkung: „Danke schön sagt man wohl hier auch nicht mehr?“ – „Manche tun's, manche tun's nicht!“

Vorsicht – Kenner!

Da greift man etwa nach einem sehr gepflegten Abendessen in einem sehr gepflegten Restaurant, mit sich und der Welt zufrieden, nach Dessertlöffel und Gabel, um sich nunmehr noch eine köstliche Scheibe Ananas mit Sahne einzuverleiben – und sieht plötzlich, wie sich das Gesicht des gegenübersitzenden Gastgebers in unsäglichem Ekel verzieht. „Das ist ja Büchsenananas!" murmelt er empört, und ehe man es sich versieht, ist der Kellner beauftragt, diese Zumutung für einen Feinschmecker, die man sich ganz gern zugemutet hätte, abzuräumen. Sein Leben lang hat man Ananas aus der Büchse für etwas Feines gehalten und genossen, nun aber lernt man durch den echten Kenner, daß es unbedingt frische Ananas sein muß. Und, glauben Sie mir, das nächste Mal wird man es auch dem Grandhotel einer Großstadt als ein echtes Minus ankreiden, wenn sie dort keine frische Ananas auf die Tafel bringen.

So kann man zwar vom echten Kenner manches lernen, aber mancher bis dahin ungetrübte Genuß wird einem geschmälert. Hielt ich nicht früher unser Stadttheater im ganzen und den jugendlichen Helden darin im besonderen für schlechthin herrlich, bis ein Mädchen aus Berlin in unsere Klasse kam und klarstellte, daß der verehrte Künstler eine schlechte Sprechtechnik habe? „Sprechtechnik" – schon das Wort wies die Kennerin aus –, und gleich fand man den Ferdinand nicht mehr so hinreißend. Sein L und

R klangen tatsächlich ein wenig rheinisch. Auch heute noch wird einem manche Opern- und Theaterbegeisterung dadurch vergällt, daß der Kenner einem erklärt, wie doch so viel besser die Aufführung war, die er an der Met oder, vor Jahrzehnten, unter Reinhardt in Berlin gesehen habe. Besonders letzteres finde ich unfair. Vielleicht ist es uns beschieden, einmal in die New Yorker Metropolitan Oper zu kommen oder in die Mailänder Scala – das Berliner Theater der zwanziger Jahre aber ist uns ganz gewiß verschlossen; trotzdem werden wir immerzu von Kennern und Kritikern damit geelendet! Manche dieser Kenner können übrigens ihre Kennerschaft nur von anderen Kennern haben, da man sie sicherlich nicht schon als Baby in die Berliner Theater geschleppt hat.

Der unbefangene Mensch muß mit Entsetzen feststellen, daß er völlig unbedacht dahingelebt und viele Dinge naiv genossen hat, die nicht genießenswert waren, sobald er mit echten Kennern zusammengerät. Am schlimmsten sind mehrere Vertreter dieser subtilen Gattung, die in unserer Gegenwart ihre Erfahrungen austauschen. Man erfährt etwa, daß es nur einen Fleischer in der ganzen Stadt gibt, dessen Filetsteaks genießbar sind. Natürlich hat man bisher ahnungslos die Filetsteaks des falschen Fleischers genossen. Man ist stolz darauf, ein kompliziertes französisches Gericht gegessen zu haben, und muß sich dahin gehend belehren lassen, daß es überhaupt nur einen einzigen Koch gibt, der dies Gericht zu kochen versteht, so, daß man es essen kann. Natürlich hat man es woanders gegessen. Einen Herrenmantel kann man natürlich nur in London kaufen und eine Damenhandtasche nur in Rom. Für den Kaviar, den man genußvoll verspeist hat, müßte der Gastgeber eigentlich erröten, und der Rotwein war wieder um etwa zwei Grad zu warm. Der Dirigent ließ im zweiten Satz die Tempi schleifen, und der

Maler stand in seiner frühen Periode doch noch sichtlich unter dem Einfluß eines Kollegen, weswegen der schöne blaue Hintergrund eine Verlegenheitslösung darstellt. Nur der wirklich selbstsichere Mensch – und wer ist das schon? – geniert sich nicht, zuzugeben, daß er sowohl den Rotwein wie auch den zweiten Satz und den blauen Hintergrund fabelhaft gefunden hat. Ein bißchen genieren schadet ja eigentlich nicht, schlimm wird die Sache nur, wenn man nunmehr beginnt, alle nicht aus London stammenden Mäntel zu verachten und darunter zu leiden, daß man nicht die Möglichkeit hat, dort einzukaufen. Tröstlich ist es jedoch, bei näherer Betrachtung der Kenner festzustellen, daß die meisten zwar scharf ins Gericht gehen, aber dann doch vorlieb nehmen. Jener Kenner, der die Büchsenananasscheiben zurückschickte, war eine echte Ausnahme. Die meisten begnügen sich damit zu bemerken, daß man eigentlich nur in London Mäntel kaufen und in Marseille Bouillabaisse essen kann, daß das Theater finsterste Provinz ist und die Menschen ihrer Umgebung das allerletzte sind, daß das Meerwasser in Acapulco und der Schnee im Libanon die einzig würdigen Tummelplätze für Sportler sind und daß die Dame von Welt nur „weißen Schmuck“ zu tragen hat, worunter Weißgold oder Platin mit Brillanten zu verstehen ist. Da aber die Welt nun einmal unvollkommen ist, kann auch ein ausgezeichneter Kenner leider (oder Gott sei Dank?) nicht immer seinen eigenen, hochgeschraubten Ansprüchen in der Praxis gerecht werden.

Aber eigentlich – und das sollte wenigstens die ahnungslose Mitwelt wissen –, eigentlich sollte man eben doch nur in Frankreich Käse essen, denn selbst die Importe ... Und es macht gar nichts, wenn sich der Kenner bei diesen Worten zum drittenmal von den geschmähten Importen nimmt und sie mit großem Appetit vertilgt.

Waldi will doch nur spielen!

Es gibt – so ungeheuerlich diese Tatsache auch für leidenschaftliche Tierliebhaber klingen mag – Leute, die es überhaupt gar kein bißchen schön finden, wenn etwa ein zutraulicher Boxer liebevoll seine feuchte Schnauze auf ihr Knie legt und mit seelenvollem Augenaufschlag um eine Salzstange bettelt. Es gibt auch Leute, die sich von Herzen graulen, wenn ein würdevoller Kater mit ernstem Blick immer näher auf sie zugeschritten kommt in der festen Absicht, sich auch auf dem Schoß niederzulegen und sich dort, möglichst nah an den ihm offensichtlich zusagenden roten Angorawollrock geschmiegt, kraulen zu lassen. Andere Leute wieder halten Pferde für Tiere, die dem Menschen ständig nach dem Leben trachten, und Papageien für gräßliche Raubvögel, die sich davon ernähren, daß sie große Stücke aus den Fingern anderer Leute hacken, und die ständig Papageienkrankheit um sich verbreiten. Und dann gibt es noch alle die, die sich ganz einfach vor Hundehaaren, Katzenfellen, Pferdegeruch, Vogelklecksen und anderem tierischem Zubehör, für das der Tierbesitzer auch nicht gerade schwärmt (mit Ausnahme vielleicht von Pferdegeruch), das er aber gelassen hinnimmt, unbeschreiblich ekeln. Alle diese Menschen, die in den Augen des begeisterten Tierhalters mit einem schier unverständlichen Defekt behaftet sind, haben aber zuweilen sonst sehr ansprechende Eigenschaften, so daß man deswegen Nachsicht mit ihnen haben sollte. Wenn also Ihr entzückender junger Neufundländer einem nicht tierlieben Gast die dicken Pfoten auf die Schultern legt und ihn begeistert anhechelt, so genügt es nicht, ganz beruhigend zu sagen: „Er tut nichts!“ oder „Er will nur ein bißchen spielen ...“ Nehmen Sie ihn lieber weg – es gibt wirklich Leute, die ganz schlicht vor Hunden Angst haben! Weibliche Leute können das wenigstens sagen – männliche genieren sich meist zuzugeben, daß sie bange sind, und blicken gequält dem bösen Feind ins Auge. Echte Tiernarren behaupten immer, das kluge Tier spüre sofort, wer es liebe und es gut mit ihm meine. Leider habe ich offenbar nie kluge Tiere besessen: meine verschiedenen Vier- und Zweibeiner schwärmten manchmal geradezu für Leute, die sie nicht ausstehen konnten: sie tupften ihre Pfötchen, Aufmerksamkeit erheischend, an ängstlich unter den Sessel gezogene Strümpfe, rasten mit Freudengejaule Menschen von weither entgegen, die eben dies Gejaule in eisigem Entsetzen für ein wütendes Angriffsgebell hielten, und flogen zutraulich auf die Schultern völlig verschreckter Vogelfeinde. Selbst meiner Schildkröte gelang es, vor vielen, vielen Jahren – aus dem Winterschlaf erwacht – ausgerechnet über den Fuß der Freundin meiner Großmutter zu steigen, die fast vor Entsetzen in Ohnmacht fiel.

Wenn auch die eigenen Tiere ganz besonders reizend sind, so könnte man doch auch als Tierfreund zugeben, daß andere Leute manchmal wirklich greuliche Exemplare ihr eigen nennen. So, wie man auch als Kinderfreund einräumen muß, daß es unausstehliche Gören gibt – in anderen Familien natürlich. Diese fremden Hunde etwa tragen sicher daran die Schuld, daß manche Leute keine Hunde leiden können. Ich kenne da beispielsweise einen, der ununterbrochen kläfft, oder einen, der eine so zarte Seele hat, daß er immer auf dem Sofa sitzen muß und nur fressen kann, wenn er wenigstens mit den Hinterbeinen auf einem Teppich steht. Man braucht gar nicht einmal so furchtbar eigen zu sein, wenn man weder Futternäpfe im Wohnzimmer noch fremde Hunde auf dem eigenen Sofa allzu begeistert schätzt. Ja, und dann gibt es noch die lieben kleinen Hündchen, denen zuweilen auf fremden Teppichen etwas geschieht, was ihnen angeblich zu Hause nie und nimmermehr passiert. Und einen kenne ich, der offenbar eine abartige Neigung zu Schuhcreme in sich trägt: jedem Fremden leckt er intensiv schmatzend die Schuhe ab. Auch Katzen etwa liegen nicht immer nur dekorativ und schön anzusehen in einer Ecke, sondern können zuweilen ganz schön lästig werden. Unter den Tierfreunden und stolzen Tierbesitzern gibt es welche, die mit geradezu missionarischem Eifer andere Menschen bekehren wollen. Anstatt ihr Pudelchen von dem sichtlich irritierten Gast fernzuhalten, bestehen sie darauf, daß beide Freundschaft schließen, und sind ganz begeistert, wenn das Pudelchen für einen mit spitzen Fingern ängstlich dargebrachten Keks dankbar die Hände leckt. Sie bestehen darauf, daß Pferden Zucker gereicht wird von Leuten, die fest daran glauben, daß ein Pferd bei solcher Gelegenheit Finger mitzufressen pflegt, und setzen Menschen Katzen auf den Schoß, die gegen Katzenhaare allergisch sind. Ja, manchmal zwingen sie ängstliche, aber gehorsame Wesen, Schlangen zu streicheln, um zu beweisen, daß auch diese Tiere harmlos und in keiner Weise glitschig sind. Übrigens würde es ganz sicher noch viel mehr Tierfreunde geben, wenn es endlich gelänge, Hunde zu züchten, die sich die Pfoten abtreten, ehe sie ins Haus (ins eigene oder fremde) kommen. Doch damit wären wir schon bei einem ganz anderen Thema.

Sie sehen aber elend aus!

Wenn man nach mehrtägigem oder gar mehrwöchigem Krankenlager sich wieder erhebt und damit gewissermaßen der Öffentlichkeit zurückgeschenkt wird, dann macht sich auch der, der sonst nie über sein Befinden nachdenkt, Gedanken darüber, wie er sich eigentlich fühlt. Merkwürdigerweise fühlt er sich dann nie so wie alle Tage, wo über den Gesundheitszustand gar nicht weiter nachgedacht wird: er fühlt sich entweder matt und elend oder ganz besonders kräftig und zum Bäumeausreißen geneigt.

Der matte Mensch war im Bett vielleicht auch zum Bäumeausreißen geneigt, oder aber er befürchtete, daß sein Betrieb ohne ihn zusammenbrechen würde. Vielleicht machte ihn auch die Fürsorge seiner Umwelt halb wahnsinnig oder – sofern er noch häusliche Autoritäten über sich hat – trieb ihn die Verständnislosigkeit eben dieser Autoritäten für seinen noch arbeits- und schulunfähigen Zustand aus dem Bett. Jedenfalls schleicht er nun elend und traurig und mißlaunig umher, hält sich mühsam aufrecht und kann sich kaum noch vorstellen, wie es eigentlich war, als er noch munter daherlebte. Der kräftige Rekonvaleszent dagegen schreitet gewissermaßen gefedert durch die Welt. Er fühlt sich dem Leben neu geschenkt, die kühle Frühlingsluft weht ihm angenehm um seine Nase, und ein hübsches Gefühl des Stolzes auf seine solide Konstitution erfüllt ihn wohlig. Am liebsten würde er jedem erzählen: „Seht her, welch einen widerstandsfähigen Menschen ihr vor euch habt. Gerade noch lag er schwer danieder und eine Kapazität umstand sein Bett, nun aber ist er wieder voll und ganz da!“ (Manchmal erzählt er das übrigens, wenn auch in etwas abgemilderter Form, wirklich jedem, dem er begegnet!)

Wie unterschiedlich auch das Befinden der Rekonvaleszenten sein mag, die Umwelt behandelt sie mit schöner unbestechlicher Gerechtigkeit und Gleichheit. Jedem, der sich vom Krankenbett erhoben hat, wird von fast jedem, der um diesen Umstand weiß, in bedauerndem Ton gesagt: „Sie sehen aber noch recht elend aus!“ Dabei spielt es überhaupt keine Rolle, ob der Betreffende wirklich angegriffen aussieht. Wie wir alle wissen, gibt es Menschen, die immer dem blühenden Leben gleichen, wie sterbenskrank sie auch sein mögen. Aber selbst diese bekommen ganz gewiß als Rekonvaleszente das Sprüchlein aufgesagt: „Sie sehen aber elend aus!“ Ein Mensch, der krank war, hat eben elend auszusehen! Außerdem ist es eine so anspruchslose Art, Fürsorge und Anteilnahme zu bezeigen.

Manche aber lieben es leidenschaftlich, bedauert zu werden. Ihre Züge werden vor Genugtuung noch angegriffener, wenn man ihre Angegriffenheit feststellt. Sie baden förmlich in der besorgten Anteilnahme anderer und werden zusehends hinfälliger beim Gespräch über ihre angegriffene Konstitution. Andere sehen ihren Wunsch, am liebsten aus diesen und jenen Gründen noch länger im Bett geblieben zu sein, herrlich gerechtfertigt, wenn ihnen ihr elendes Aussehen attestiert wird. Aber die allermeisten haben eine gesunde Abscheu dagegen, elend auszusehen. Zart meinetwegen oder ätherisch oder durchgeistigt – aber elend, nein, das lieber nicht! Das klingt so nach geröteten Augen, spitzer Nase, hohlen Wangen und grauer Gesichtsfarbe, und wer hat das schon gern? Die, die sich wirklich elend fühlen, nicht, weil es sie noch trübsinniger macht und weil sie es ohnehin wissen; und die Munteren, Sich-gesund-Fühlenden nicht, weil sie es nicht glauben wollen und weil es wie eine kalte Dusche über ihr fröhliches Wohlbefinden wirkt. Der andere, der, der seine Teilnahme dadurch kundtun will, daß er voller Mitgefühl konstatiert, wie elend der eben Wiedergenesene aussieht, ahnt kaum, was er seinem Mitmenschen antut. Wenn er wüßte, daß er schätzungsweise der siebzehnte ist, der im Laufe eines Tages das Aussehen mitleidig beanstandet, würde er sicher lieber den Mund halten. Es ist sehr, sehr deprimierend, die gleiche traurige Wahrheit oder Unwahrheit ein dutzendmal hören zu müssen – ja, sogar noch vom Briefträger und der Zeitungsfrau. An unseren allerbesten Tagen, wo wir am allerallerbesten aussehen, kommen wir nie auf siebzehn Menschen, die uns das sagen. Und das könnte man sicherlich ungleich viel besser aushalten.

Mit weit offenem Mund

Seit frühester Jugend wird nur ganz stillen oder mundfaulen Leuten gesagt, sie sollten den Mund auftun. Im allgemeinen wird einem anerzogen, den Mund zuzumachen: zunächst überhaupt, weil man mit offenem Mund leicht einen etwas törichten Eindruck macht, dann speziell beim Essen, weil es um die guten Manieren geht, und schließlich im übertragenen Sinne, weil andere Leute auch gern einmal etwas sagen möchten. So kommt einem die Aufforderung des Zahnarztes oder des Hals-Nasen-Ohren-Doktors, den Mund weit zu öffnen und auch offenstehen zu lassen, zumindest sehr ungewohnt vor. Da man ja aber nicht zum Vergnügen am Platze ist, reißt man die Kiefer auseinander, schickt sich in die unbequeme Lage und ist schon zufrieden, wenn nur ja nichts weh tut. Manche Doktoren verrichten ihr Werk schweigend, indem sie höchstens einem helfenden Geist Anweisungen geben, von denen wir hoffen, daß sie nicht Unangenehmes zu bedeuten haben. Manche aber reden: Entweder weil sie überhaupt von mitteilsamer Gemütsart sind oder weil sie uns netterweise ablenken wollen oder weil sie uns für einen interessanten Fall halten. Zuweilen haben sie auch Familiär-Medizinisches mitzuteilen: die Tochter solle die Zahnklammer regelmäßig tragen; oder: wenn der Mann nicht bald zum Nachschauen käme, dann könnten sie für nichts garantieren. Sie reden teils mit uns, teils über uns, und wir, mit weit offenstehendem Mund, sind zu absolutem Stillschweigen verdammt. Wir können uns nicht verteidigen (daß wir sowohl Mann als auch Tochter so oft gemahnt haben, daß es zu Wolken am Familienhorizont kam), sondern nur zustimmend krächzen. Viel schlimmer aber ist es, wenn über uns geredet wird. Da wird die Assistentin mit den Worten: „Schauen Sie sich das mal an!" an unseren weitgeöffneten Rachen gerufen. Da murmelt der Doktor beim Nachschauen kummervoll: „Als ob ich mir das nicht gedacht hätte..." Da hören wir angstvoll: „Das ist ein... (nie gehörtes und gleich vergessenes Wort), wie er im Lehrbuch steht!" oder „Da müssen wir aber eine... (anderes nie gehörtes Wort) machen!", und der Zahnarzt schüttelt bedenklich den Kopf oder äußert sich über die besonders wirkungsvolle Verklammerung unserer Backenzahnwurzel. Wir aber, die wir so ganz besonders dringend auf der Stelle wissen wollen: Was ist los? Was habe ich? Ist das schlimm? Tut das besonders weh mit so einer Wurzel? Wie lange dauert dies noch? – wir können nur ein unartikuliertes „Öh" herausbringen, das alles und nichts sagen kann, und bedeutungsvoll mit den Augen rollen. Noch nicht einmal kundtun können wir, daß gerade in diesem Augenblick unsere Nase schier unerträglich juckt.

Andere Doktoren plaudern freundlich mit uns. Daß sie keine Antwort erwarten können, scheint sie nicht im geringsten zu stören. Am liebsten hören wir natürlich – ganz gleich, ob es sich um Zahn, Nase, Kiefer oder Hals handelt –, wie schön wir das mal wieder hingekriegt haben oder doch hinkriegen werden. Dann aber auch gibt es lange Unterhaltungen über seine und unsere Kinder, über Urlaubspläne, über die Fußgängerzone in der Stadt, über Umweltverschmutzung und Pornofilme. Das geht etwa nach dem Schema: „Sie haben doch sicher schon Pläne für die Sommerferien?" „Öh". „Ich denke, es wird wieder

Sylt sein!" „Öh". „Ja, das bekommt ja Ihrem Mann auch immer am besten!" Manchmal läuft das Gespräch ganz andere Bahnen, als es wohl laufen würde, wenn man antworten könnte. Immerhin können die neuesten Untaten des just angeschafften Arztpudels einen etwas von den Unannehmlichkeiten der gerade stattfindenden Prozedur ablenken, selbst wenn die Unterhaltung von der völlig falschen Voraussetzung ausgeht, wir wären auch Pudelbesitzer. Offensichtlich wurde ein verneinendes „Öh" für Zustimmung gehalten. Politische Gespräche zeichnen sich auch durch ungeheure Einseitigkeit aus. Die zuweilen recht kernigen Aussprüche, die manche Ärzte tun, reizen zwar zum Widerspruch, aber wie soll der Mensch mit weitgeöffnetem Mund seine Meinung über die Radikalen im öffentlichen Dienst oder die Nahostpolitik kundtun?

Manchmal aber – vor allem beim Zahnarzt, wenn etwas trocknen oder erhärten soll – wird der Patient mit weitgeöffnetem Mund alleingelassen. In nicht aus seiner Lage einsehbaren Teilen des Raums oder im Nebenbehandlungszimmer wird irgend etwas angerührt, gespült, besprochen oder behandelt. Der Patient schaut inzwischen in den Himmel, in kahle Zweige, über die Dächer oder in gegenüberliegende Büroräume, wo Menschen, die den Mund zumachen können, anscheinend wieder mal nichts zu tun haben. Den Blick aus dem Fenster seines Zahnarztes könnte jeder pflichtbewußte Patient malen, wenn er malen könnte. Ich zum Beispiel sehe mehrere spärlich bekleidete, üppig gerundete Steindamen auf dem gegenüberliegenden Sims eines bedeutenden Gebäudes. Eine hat die Augen verbunden. Wir haben eben alle unser Päckchen zu tragen.

Von heimlichen Drachen und sanften Engeln

Für Hebammen sind Geburten das Alleralltäglichste von der Welt, was man sich natürlich nicht immer ins Gedächtnis ruft – vor allem dann nicht, wenn man selbst mit diesem Ereignis zu tun hat. Dies wiederum findet – nach neuestem statistischem Durchschnitt – nur noch etwa anderthalbmal in einem ganzen Frauenleben statt. Nur so läßt sich wohl erklären, daß ich überhaupt nicht begriff, wie mich meine Hebamme just in dem wichtigen Augenblick, als ich von dem normalen Krankenbett auf das eigene Entbindungslager umstieg, ausschalt, weil ich Pantöffelchen mit Gummizug trug. Man muß eben daran denken, daß für eine Hebamme Pantöffelchen mit Gummizug viel, viel seltener vorkommen als Geburten. Der alleroberste Doktor jener Klinik, bei dem ich mich – uneinsichtig, wie ich war – beschwerte, meinte übrigens nur, da könne ich mal sehen, was er auszustehen habe, da er mit dieser sehr tüchtigen und sehr grimmigen Person tagtäglich zu tun habe – und das seit zwanzig Jahren –, während dies doch bei mir nun sehr selten der Fall sei. Man kann die Sache auch so sehen.

Für die, die die Kinder zu kriegen haben, gibt es aber kaum ein anderes Ereignis, das so wichtig und so interessant ist wie dieses. Wenn man einmal im richtigen Kreise zusammensitzt, so kann jede, die es mitgemacht hat, ihre speziellen Erlebnisse beitragen. Das fängt an mit dem

Tiefschlag, den der Doktor einer knapp Dreißigjährigen versetzt, indem er sie eine „Spätgebärende“ nennt, und endet mit dem glorreichen Auszug aus der Klinik mit dem Baby im Körbchen und der Angst im Herzen, daß man dieses empfindliche Wesen nun im großen und ganzen allein über die schwierigen Runden der ersten Wochen und Monate zu bringen hat. Dazwischen liegen dramatische Schilderungen: Die eine hat nur mit knapper Not in einem atemberaubenden Rennen den Kreißsaal erreicht, während die andere sich tagelang quälen mußte oder gar den irgendwie beschämenden Rückweg nach Hause anzutreten hatte mit dem Ratschlag, in ein paar Tagen wiederzukommen. (Welch ein Triumph, wenn man dann schon drei Stunden später – und diesmal endgültig – da war!) Anderen wieder war verordnet, vorsichtshalber in der Klinik die allerletzte Zeit abzuwarten, und da warteten sie nun tage- und wochenlang. Und dann die atemberaubenden Fälle, wo es beinahe schiefgelaufen wäre: schwächer werdende Herztöne, verwickelte Nabelschnüre, Zangengeburten, Kreislaufschwierigkeiten und was der Komplikationen mehr sind, auf die barbarischerweise manche Frauen liebend gern dann zu sprechen kommen, wenn in ihrem Kreis eine werdende Mutter – immer weißer um die Nase werdend – gebannt lauscht. Es darf allerdings auch nicht verschwiegen werden, daß es genauso, wie es ein Jägerlatein gibt, auch eine Art Kinderkrieg-Latein gibt, von dem man gegebenenfalls getrost eine ganze Menge abziehen kann.

Unerschöpflich sind daneben auch die menschlichen Erfahrungen. Da gab es die Schwester, die ungerührt in der Ecke des Kreißsaals Nabelbinden aufwickelte und dabei „You are my lucky star...“ vor sich hin sang, und die, die stundenlang nicht von der Seite wich und nur einmal kurz davoneilte, um für sich und die soeben werdende Mutter einen anständigen Kaffee zu kochen. Da war die Hebamme, die den superklugen Rat gab, man solle doch noch ein wenig schlafen, und die, die einen anschnauzte, oder die, die ein gutgemeintes Gespräch über die Schönheiten des Jugendstils begann. Offenbar sehr häufig existiert auch die, die einem dann, wenn man eigentlich schon ziemlich etwas auszustehen hat, erklärt, dies wäre noch gar nichts und was man dann wohl nachher erst sagen wolle? Allerdings wird auch von jener Schwester berichtet, die just bei einem solchen Tiefpunkt mit einem besonders appetitlichen Baby auf dem Arm hereinkam, damit man nicht ganz vergäße, wozu letzten Endes die ganze Plackerei diene.

Und neuerdings gibt es natürlich mehr und mehr Schilderungen von Ehemännern im Kreißsaal. Ob die wohl wirklich alle so fabelhaft sind, wie man's immer wieder zu hören bekommt?

Stell dich doch nicht so an!

Jeder Mensch – von wenigen glücklichen Ausnahmen abgesehen – weiß, welch höllische Qualen ein böser Zahn verursachen kann. Er kann einen so peinigen, daß man gegen einen augenblicklichen sanften Tod nicht mehr allzuviel einzuwenden hätte. Dies traf sicherlich bei einem besonders sensiblen Menschen zu, bei dem ich Zeuge wurde, wie er mit einem gegen die geschwollene Wange gepreßten Kissen versuchte, unter einen Sessel zu kriechen. Dort wollte er dem bohrenden Schmerz entrinnen. In der Familie wurde dieser Begebenheit wiederholt unter frohem Gelächter gedacht, wobei man zugeben muß, daß Familien unter sich oft nicht sehr zartsinnig reagieren. Aber auch sonst, außer bei sehr lieben und mitfühlenden Menschen, findet man für einen kranken Zahn, dazu noch mit dicker Backe, immer nur die Art von Anteilnahme, hinter der sich ein Lächeln versteckt. Ähnlich geht es einem bei einem fürchterlichen Leiden, das nahezu alle schreckerregenden Symptome aufweist, außer dem einen, daß der Befallene in Lebensgefahr schwebt: der Seekrankheit! Während der Erkrankte, wie schon gesagt, nicht sterben kann, aber auch nicht leben, sind seine Mitreisenden nur mäßig besorgt. Sie erfreuen ihn mit Schilderungen stürmischer Seereisen, bei denen außer dem Kapitän nur ein einziger Mensch nicht seekrank war (dreimal darf man raten, wer das wohl war!), und sie verschlimmern den elenden Zustand durch Aufzählung all der eßbaren Köstlichkeiten, die vom See-Erkrankten zwar bezahlt, aber nicht genossen werden können. Eine Fülle von guten Ratschlägen, die ihm wahre Schauer über den Rücken jagen und in keiner Weise dem sterbenskranken Zustand Rechnung tragen, überzeugen ihn von der Verständnislosigkeit der Mitmenschen. Das beginnt beim „Sich-Zusammenreißen", führt über den kräftigen Teller Linsensuppe, den Spaziergang an Deck zu einem ordentlichen Schluck Aquavit und endet beim „Einfach-nicht-daran-Denken".

Jener quälende Krankheitszustand, der sich in tränenden Augen, laufender Nase, kratzendem Hals, tiefen Depressionen und einem doppelt so dicken Kopf wie normalerweise manifestiert, wird von den Leuten, die gerade nicht unter ihm leiden, mit „nur einem Schnupfen" abgetan. Dabei erlebt jeder, der sich damit quält, das gleiche: die Schnupfen, mit denen sich andere Leute so anzustellen pflegen, als ob sie wirklich krank wären und das Recht hätten, mißgelaunt und schonungsbedürftig zu sein, die sind rein gar nichts, gemessen an dem mißlichen Zustand, in dem man sich selbst befindet. Anstatt auf Anteilnahme und Rücksicht zu treffen, muß man immer nur die leichtfertige Behauptung hören, gerade dies und noch viel Schlimmeres hätte der andere auch vor kurzem erst durchgemacht.

Mit zunehmendem Alter brüsten sich auch viele damit, den bekannten „Hexenschuß" mehrfach überstanden zu haben. Und obwohl dieser den aufrechten Menschen zwingt, mit gebeugtem Rücken einher zu schreiten und sich nach Hilfestellung beim Übergang vom Liegen zum Sitzen und vom Sitzen zum Stehen umzusehen, sehen manche Leute ihn als ein Leiden an, dem etwas durchaus Alltägliches anhaftet. Dabei weiß jeder, den die Hexe gerade einmal angeschossen hat, daß, wenn er vom Sessel hochgezerrt werden muß, alle Witze völlig unangebracht sind und jede Beteuerung, daß dieser Zustand vorübergehend ist, im Augenblick völlig unglaubwürdig ist.

Ein blaues Auge – bei welcher Gelegenheit man es sich auch immer geholt hat – gibt Anlaß zu mancherlei Witzen, in die mit Vorliebe die jeweilige ständige Begleitung einbezogen wird. Und das Gipsbein, das man aus dem Skiurlaub heimbringt, festigt die Überzeugung, daß der Mensch einen ganz hübsch entwickelten Hang zur Schadenfreude hat, der oft jede menschlich schöne Anteilnahme heftig überwuchert. Dabei ist es ja wirklich überhaupt nicht komisch, mit einem blauen Auge oder einem Gipsverband geschlagen zu sein, genausowenig wie man selbst darüber lachen kann, wenn einen als Erwachsener ein verspäteter Ziegenpeter wie einen Hamster aussehen läßt. Aber die anderen werden lachen – darauf kann man sich fest verlassen.

Vielleicht sollte noch jener Krankheitszustand quälendster Art Erwähnung finden, den die mitleid- und verständnislose Umwelt als „Kater" abtut und unter Umständen sogar als gerechte Strafe des Himmels für Unmäßigkeit ansieht. Abgesehen davon, daß es vielleicht eher die verqualmte Luft im Saal, der Kartoffelsalat, die laute Musik und die schlechte Qualität des genossenen Alkohols waren – man sollte doch mehr Verständnis für die leidende Menschheit aufbringen!

Man raucht nicht mehr

Ich weiß nicht wieso, aber als junges Mädchen bekam ich beim Rauchen immer Qualm und infolgedessen Tränen in die Augen. Das war um so bedauerlicher, als ich eine wunderschöne lange Zigarettenspitze besaß, mit der ich, wenn ich sie trocken vor dem Spiegel rauchte, so verrucht aussah, daß man fast meine langen Hängezöpfe hätte übersehen können. Mit Tränen und Husten allerdings war die Sache nur noch sehr mäßig wirksam, und anstatt den gewünschten Eindruck zu schinden, fiel die Zigarettenspitze dem Experiment zum Opfer, herauszufinden, ob Bernstein wirklich brennbar sei, wie es im Schulbuch stand. Er ist brennbar! Dies traurige und entmutigende Erlebnis war vielleicht der tiefere Grund, warum ich auch später nie zu einem richtigen Raucher mit Leidenschaft und Hingabe geworden bin. Aber weit davon entfernt, aus Gesundheitsgründen darauf stolz zu sein, habe ich immer die Leute beneidet, die sich in schwierigen Lebenslagen, nach einem guten Essen, beim Nachdenken, im kalten Winter an der Straßenbahnhaltestelle und bei angeregter Unterhaltung mit offensichtlichem Hochgenuß eine Zigarette ansteckten. Und wenn ich nicht gerade wieder einmal versuchte, auch dieses Genusses teilhaftig zu werden, habe ich immer ganz eifrig versucht zu erklären, daß nicht etwa strenge Prinzipien die Ursache meiner Enthaltsamkeit seien.

Heutzutage habe ich das nicht mehr nötig: Es wimmelt nur so von Leuten, die sich das Rauchen abgewöhnt haben, so daß es überhaupt nicht mehr genierlich ist, eigentlich keine Zigaretten zu mögen. Leute, die man früher nur in blauen Rauch gehüllt kannte, die unruhig alle Behältnisse absuchten, die Kinder meilenweit um eine Zigarette schickten, sind Nichtraucher mit strengen Grundsätzen geworden. „Nein danke, man raucht nicht mehr!" Und schon entspinnt sich erfahrungsgemäß ein Gespräch mit anwesenden Nichtrauchern. Punkt eins dieser Diskussionen ist zunächst der Zeitpunkt. Weise „alte" Nichtraucher, die schon nach Jahren zählen, haben natürlich eine höhere Meinung von ihrer Fähigkeit zum Entsagen als die jungen, bei denen noch nach Monaten gerechnet wird und nach Wochen oder bei denen gar noch „vom letzten Dienstag" die Rede ist. Alte Nichtraucher wirken zwar ermutigend durch ihr edles Beispiel, neigen aber dazu, schreckliche Prognosen zu stellen: etwa, daß der Höhepunkt des Leidens erst zu einem sehr späten Zeitpunkt einsetzt, daß man ungeheuerlich zunimmt, daß man noch nach Jahren zuweilen vom Heißhunger nach einer Zigarette übermannt wird und daß die Summe der Laster doch immer gleich bleibt. (Worunter man verstehen kann, was man will.)

Punkt zwei wäre dann der Grund, weshalb man das Rauchen aufsteckte. Sehr oft war es ein Schreckschuß aus der medizinischen Richtung. Das Herz, der Magen, die Bronchien reagierten so heftig, daß man es mit dem besten Willen nicht mehr verdrängen konnte. Oder ein tapferer Arzt machte klipp und klar darauf aufmerksam, daß man zwar ruhig so weiterrauchen könne, aber an die Versorgung seiner Witwe oder seiner unmündigen Kinder denken möge. Auch die Niederlage im Wettschwimmen mit einem zwölfjährigen Sprößling und eine beschämende

Blamage bei einem Dauerlauf können auslösende Momente gewesen sein sowie der edle Entschluß, einem anderen Menschen, der aufhören muß, die Entwöhnung nicht unnötig zu erschweren. Immer wieder begegnet man auch Leuten, die nur deswegen von einem Tag zum anderen mit dem Rauchen aufhörten, weil sie sich selbst ihre Willenskraft beweisen wollten. Übrigens mußte ich leider feststellen, daß offenbar noch nie jemand aufgehört hat, weil zu ihm ein sehr nahestehender Mensch immer wieder „Rauch doch nicht soviel!" gesagt hat.

Aber nicht nur Zeitpunkt und Grund, sondern auch die angewandte Methode (keine Zigaretten im Haus, Kaugummi, Nichtraucherpillen, Bonbons, Akupunktur oder auch nur eine schwere Krankheit, bei der es wochenlang einfach nicht schmeckte) und die unsäglichen Leiden geistiger, seelischer und körperlicher Art geben ein so interessantes und lebhaftes Gespräch ab, daß es Leute wie ich schon wieder bereuen, nie die Gelegenheit besessen zu haben, sich das Rauchen abzugewöhnen. Schade – unsereins kann nicht einmal stolz darauf sein, „nicht mehr" zu rauchen...

Über die verschiedenen Arten von Grippe

Es gibt ganz verschiedene Arten von Grippe. Die harmloseste ist wohl die, die man im Anzug spürt oder die in den Knochen steckt. Ein Mensch fröstelt, niest, ist schlecht gelaunt und hat Kopfschmerzen, Muskelkater, Kratzen im Hals oder sonst etwas und konstatiert im Grabeston: „Ich spüre eine Grippe in den Knochen!" Von gütigen Menschen wird er nun sicher die schönsten Ratschläge bekommen, wie das Übel vor seinem Ausbruch zu bekämpfen sei: Über todsichere Tabletten, Bettruhe, Kräutertee bis zu kaltem Bad, heißem Grog und Dampf in die Nase wird ihm alles empfohlen, wobei alles von den meisten, die die Grippe im Anzug verspüren, nur mit müdem Lächeln und „Mir kann keiner helfen"-Tapferkeit abgewehrt wird. Die weniger guten Menschen allerdings denken ziemlich gelassen an all die Grippen in den Knochen, die sie schon miterlebt haben, die aber nie aus den Knochen herauskamen und, dort steckenbleibend, am folgenden Tag total vergessen wurden.

Die nächste Art in der Stufenleiter der Grippen ist wohl die, die man schlichter auch mit Schnupfen, Husten oder Erkältung bezeichnen könnte, wenn es nicht viele Menschen gäbe, die so subtil gebaut sind, daß es bei ihnen einfach keine schlichte Erkältung sein kann, wenn die Nase läuft, die Augen tränen und unmelodisches Gekrächze und Gebell aus ihrem Munde ertönt. Dies ist in der Tat auch ohne Fieber und Komplikationen eine schlimme Krankheit – um so schlimmer, als keiner (außer ängstlichen Müttern bei ihren zarten Kleinkindern) sie so recht ernst nimmt und die Leidenden, denn sie leiden wirklich, in ihren schweren Tagen angemessen bemitleidet. Ja, es soll schon vorgekommen sein, daß jemand angesichts verschwollener Schweinsäuglein, einer glühenden Nase und einer Bierbaßstimme in fröhliches Gelächter ausgebrochen ist. Und das, wo doch jeder weiß, daß mit einer Grippe nicht zu spaßen ist! Angesichts solcher Roheit ist es nur gerecht, wenn die von dieser Krankheit Befallenen – kaum genesen – ihrerseits bei anderen die Schwere dieses Leidens nicht mehr recht ermessen und die Krankheit abschätzig mit „Schnupfen" bezeichnen, wo doch der Betroffene ausdrücklich von einer Grippe gesprochen hat. Es gibt übrigens auch den umgekehrten Fall, daß nahestehende Persönlichkeiten von ängstlicher Gemütsart überall verbreiten, man habe die Grippe, wenn man ausdrücklich darauf besteht, nur eine schlichte, harmlose Allerwelts-Erkältung zu haben. Es ist eben doch sehr schwer, es den Befallenen recht zu machen! Manchmal aber entwickelt sich die in den Knochen steckende Grippe auch zu einer wirklichen Grippe, und das ist dann die häßlichste Art dieser Krankheit. Es geht einem rundherum richtig scheußlich, und selbst mannhafte Naturen sind heilfroh, wenn sie auf eine noch mannhaftere Natur stoßen, die sie mit Gewalt ins Bett beordert. Andernfalls laufen sie, kaum noch in den Gräten hängend, tagelang fiebernd, Bazillen verstreuend und sich unentbehrlich fühlend, herum, und wenn sie nicht doch noch für ihren Leichtsinn hart bestraft werden, so dauert es zumindest monatelang, bis sie sich wieder richtig gut fühlen. In den Mitmenschen dieser Unentwegten speichert sich in solchen Tagen und Wochen eine riesige Menge ohnmächtiger Verbitterungen angesichts der Nutzlosigkeit aller vernünftigen Warnungen. Glücklicherweise sind die meisten Menschen nicht so eisern und fühlen sich auch ganz und gar nicht so unentbehrlich. Im Gegenteil – manche fühlen sich zuweilen so entbehrlich, daß sie sich angeblich alljährlich in der schlechten Jahreszeit eine Grippe zulegen, um dann (nur ganz wenig oder gar nicht unpäßlich) ihrer Arbeitsstätte fernzubleiben. Das wäre dann die vierte und am wenigsten unangenehme Art von Grippe.

Um aber auf die dritte, böse, zurückzukommen: Man liegt also im Bett, spürt den ganzen Jammer der Menschheit und lauscht gläubig den Tröstungen des Arztes, die meist darauf hinauslaufen, wie viele Menschen sonst noch von dieser Krankheit befallen sind, und daß er darum Tag und Nacht nicht aus den Kleidern kommt, weswegen ein höflicher Patient dann wiederum ihn trösten muß. Nach den Berichten Grippekranker gibt es offensichtlich zwei Gruppen von Ärzten, die Behandlung der Krankheit betreffend: Die einen bringen angeblich mit superstarken Wundermedizinen den Patienten sofort auf die Beine, während die anderen mit milden Mitteln und langer Bettruhe arbeiten. Beide haben ihre leidenschaftlichen Anhänger, wie jedermann weiß, dem schon bei der Grippe im Anzuge lauter verschiedene Ärzte mit der einzig wahren Methode empfohlen wurden.

Nun, wie auch immer die Krankheit geheilt wurde, man erhebt sich mit ausgesprochen weichen Knien und anfälliger Seelenstimmung wieder von seinem Krankenlager und braucht eine ausgesprochene Schonzeit, vor allen Dingen vor den Leuten, die annehmen, man hätte nur eine Grippe von der Sorte eins und zwei oder gar vier gehabt. Und das, wo doch der Doktor nicht nur dreimal ans Krankenbett gekommen ist, sondern auch noch den Kopf geschüttelt hat wegen der Hartnäckigkeit dieses speziellen Falles!

Mit bestem Dank zurück

Da der Mensch nicht alles haben kann, so ist er zuweilen gezwungen, sich Dinge, die ihm fehlen, auszuborgen. Das fängt bei der berühmten Tasse Zucker an und hört beim Auto oder beim Sommerhaus auf. Ja, es scheint sogar wider alle Vernunft Dinge zu geben, die nahezu kein Mensch selbst besitzt, sondern die alle sich immer nur ausleihen: Dachträger für das Auto etwa und Ställchen für Babys. Da man diese Sachen relativ selten braucht, müssen die wenigen echten Besitzer bei Eigenbedarf meist eine wahre Suchaktion starten, die oft damit endete, daß gewisse Verstimmungen auftauchen. Denn, obwohl die Sache so einfach sein könnte: man leiht sich etwas und gibt es nach Gebrauch unversehrt und in vollem Umfang zurück, birgt sie doch eine Fülle menschlicher Probleme. Das heißt: manchmal verbirgt sie gar nicht, sondern sie kommen ganz deutlich ans Tageslicht. Hin und wieder sogar mit Donner und Blitz.

Zuweilen ist schon das Ausleihen mit mancherlei Schwierigkeiten belastet. Da gibt es alle die Menschen, die sich in Grund und Boden genieren, wenn sie von den lieben Mitmenschen etwas ausborgen wollen. Die Frage nach der Tasse Zucker wird erst nach einer endlosen Erklärung aller Unglücksfälle gestellt: Grippe, Zuspätkommen der Putzfrau, Warten auf den Anstreicher, Besuch der alten Mutter, die wiederum unter einem Anfall von Rheuma leidet, der die Folge eines Wasserrohrbruches in ihrer Wohnung war, und geschäftlicher Ärger des Mannes. Das alles bedeutet etwa, daß die Dame ohne Zucker nur durch eine Kette von Unglück in die Lage versetzt werden konnte, keinen Zucker zu haben. Und wir sind nicht nur gezwungen, ihr mit Zucker auszuhelfen – was wir ja wirklich herzlich gern täten –, sondern sie auch noch über alle Unglücksfälle und über ihre Verlegenheit hinwegzutrösten, wozu wir nicht die geringste Lust verspüren. Außerdem beschleicht uns das unangenehme Gefühl, für was für eine Art von Hausfrau uns wohl besagte Dame hält. Haben wir doch neulich, ohne die geringste Verlegenheit und ohne eine einzige Katastrophe vorzuschützen, einmal Senf und einmal ein Ei geborgt! So lebenswichtig die Tasse Mehl oder das Ei, das Päckchen Backpulver oder die Tüte Paniermehl sein kann, wenn man sie nicht hat, so belanglos scheint sie einem, wenn man sie in reichlichem Maße besitzt. Durch diese menschlich sehr verständliche Einstellung geschieht es leider, leider sehr häufig, daß man ganz schlicht vergißt, das Geliehene wieder zurückzubringen. Aber wenn es auch seit eh und je üblich gewesen ist, daß die freundliche Verleiherin bei der Rückgabe besagter Lebensmittel großzügig sagt: „Das wäre doch nicht nötig gewesen …“, weiß man doch, daß nichts in Hausfrauen- und Nachbarinnenkreisen den Ruf so ruiniert wie das Nichtzurückbringen einer geliehenen Tasse Mehl.

Eine weitere Schwierigkeit beim Leihen liegt außerdem darin, daß nicht immer unbedingt gern geliehen wird. Zuweilen nur, weil der Besitzer etwas „eigen“ ist, zuweilen aber auch, weil der Leihgegenstand empfindlich ist. Was soll man bloß machen, wenn wirklich liebe und nette Menschen uns um unsere Rasenmähmaschine bitten und wir genau wissen, daß deren hoffnungsvolle Söhne am vergangenen Wochenende den Mäher eines anderen

Nachbarn in Grund und Boden gemäht haben? Die erlogene Behauptung, daß die Maschine nicht funktioniert, läßt sich bei dem Geräusch, das sie macht, wenn wir den eigenen Rasen mähen, kaum aufrechterhalten. Also leihen wir sie mit verstohlenem Widerwillen her. Am besten macht man sich in solchen und anderen Fällen auf ein gewisses Risiko gefaßt. Auch der Kinderwagen, den wir für dreiviertel Jahr ausgeborgt haben, wird nicht so wieder zurückkommen, wie wir ihn weggaben – ganz abgesehen davon, daß wir ihn als viel neuer und strahlender in Erinnerung behalten haben; die Grammophonplatten werden Kratzer aufweisen, der Bezug des kleinen Sessels wird gealtert sein, und die Skier hatten früher glattere Kanten.

Tiefe Verstimmungen aber reißen ein, wenn der freundliche Verleiher Schwierigkeiten hat, seinen Besitz zurückzubekommen, wenn er ihn selbst wieder braucht. Wie erbitternd kann es sein, wenn gerade in der Kirschenerntezeit unsere Kirschenentkernmaschine nicht zurückzubekommen ist, wenn unser schönster, dicker Pullover mit anderen Leuten in den Wintersport fährt, wenn unser Spirituskocher, gerade wenn wir selbst Picknick machen wollen, von den Leihern (sie wollten ihn schon vor Monaten zurückbringen) an andere reizende Menschen weitergeliehen wurde! Noch wütender aber kann es uns machen, wenn uns die Rückgabe freundlich verweigert wird mit dem Hinweis, daß wir unser Eigentum im Augenblick ja doch nicht brauchen. Unter diesen Umständen findet der Verleih und Entleih am besten nur zwischen gleichgearteten Menschen statt. Wieviel nachsichtiger sind wir zum Beispiel Leuten gegenüber, die uns die Mähmaschine mit fast leerem Tank und verschmutztem Vergaser zurückgeben, wenn wir ihnen gerade selbst ihre uralte heißgeliebte Langspielplatte zurückgebracht haben, die jetzt allerdings die Neigung hat, eine bestimmte Stelle so oft zu wiederholen, bis man ihr einen kleinen Schubs gibt.

Zwei wichtige Kapitel habe ich dabei bewußt ausgelassen: das Leihen von Geld und das Leihen von Büchern. Denn das sind ganz gewiß Kapitel für sich!

Bitte hinten anschließen!

Seitdem mir vor vielen, vielen Jahren mein Vater die Geschichte vorgelesen hat, wie sich die böse Kobraschlange mit ihrem Schlangenmann verabredete, durch das Abflußrohr der Badewanne ins Haus zu kriechen, um den dort wohnenden Menschen den Garaus zu machen, hatte ich eine ausgesprochene Abneigung gegen Badewannenabflüsse und Schlangen. Mit den Badewasserabflußlöchern hat sich das gegeben – Schlangen aber kann ich immer noch nicht leiden. Nun habe ich allerdings bisher so gut wie nie etwas mit richtigen Schlangen zu tun gehabt, wenn man von der Blindschleiche absieht, die mein Sohn in der Hosentasche mit sich führte und die genaugenommen auch keine richtige Schlange war. So hat sich meine ganze Schlangen-Abneigung auf jene Exemplare übertragen, die sich bilden, wenn mehrere Leute auf etwas warten: Man tritt an ihren Schwanz und wartet mit. Manchmal tut man es allerdings bei ihrem Anblick auch nicht. Vor allem Männer können darauf bestehen, daß es mit ihrer Würde nicht zu vereinbaren ist, sich anzustellen. So kommen sie mit ungebrochenem Stolz um den Genuß etwa einer Kino-Vorstellung, den sie sich ohnehin nur halbherzig gewünscht haben.

Andere Schlangen lassen sich nicht vermeiden: Man fährt mit gefülltem Einkaufswagen an die Kasse des Supermarktes und muß schon lange vor dem Ziel feststellen, daß man nicht dort hingelangen kann, weil der Schwanz einer stattlichen Schlange Halt gebietet. Notgedrungen reiht man sich ein und hat nun längere Zeit Gelegenheit, einen inneren Kampf auszufechten, ob man noch etwas vom gerade hier aufgebauten Sonderangebot von Süßigkeiten und Zigaretten einladen soll oder ob man es lieber bleibenläßt. Auch der Aufbau von niedlichen kleinen Schnapsfläschchen gerade hier hat sicher schon manch labile Natur in Gefahr gebracht. Es ist eine wissenschaftlich nachzuweisende, wenn auch nicht zu begründende Tatsache, daß das Tempo des Vorwärtskriechens stets im umgekehrten Verhältnis zur Eile steht, die man gerade hat. Ist man ganz besonders spät dran, kann man fast sicher sein, daß die Kasse klemmt, daß ein neues Papierband eingelegt werden muß, daß der Preis für eine sonderangebotene Ente verlorengegangen ist und trotz lauter und gereizter Rufe kein Mensch so recht Lust verspürt, danach zu forschen, oder daß jemand nicht nur mit offenbar schwer zu berechnenden Gutscheinen einkauft, sondern auch noch in einem freundschaftlichen Plauderverhältnis zur Kassiererin steht.

Da geht es auf den Bahnhöfen meist schneller zu, aber dort hat man es oft auch noch eiliger. An größeren Bahnhöfen hat man die Auswahl mehrerer Schlangenschwänze. Die Qual der Wahl kann man sich ersparen, denn was man auch immer wählt – das hat mich das Leben gelehrt –, man wählt das Falsche. Vor einem kommen Leute an die Reihe, die an irgendeinen Ort wollen, wohin offensichtlich seit Erfindung der Eisenbahn noch nie eine Fahrkarte ausgestellt worden ist, und dann wollen sie diesen Ort auch nicht über Hannover, sondern über Kassel – und mit welchem Bahnbus, bitte? – erreichen. Der harmlos aussehende Vordermann entpuppt sich als jemand, der einen Sammelfahrschein zum Sondertarif erstehen will, und wenn man denkt, man ist endlich dran, wird die Schalterbeamtin.zu einem dringenden Gespräch mit dem Bundesbahnpräsidenten oder einer ähnlich wichtigen Person ans Telefon gerufen. Mit wachsender Erbitterung sehen wir sie dann im Hintergrund telefonisch plaudern und lachen. Natürlich ist die viel längere Parallelschlange inzwischen längst aufgerückt. Sollte man aber die Unvorsichtigkeit besitzen hinüberzuwechseln, kann man sicher sein, daß nun dort eine Stockung eintritt. Erfahrene Reisende, vorausgesetzt, sie reisen nicht allein, stellen sich deshalb auf jeden Fall doppelt an. Ein hübsches, ausbaufähiges Wettspiel!

Jede Schlange von einiger Länge beginnt übrigens, sich selbst zu bewachen. Das wäre ja noch schöner, wenn einer an ihr vorbei geradewegs ans Ziel marschieren könnte! Und da ohnehin alle Einzelglieder in der Regel in leicht gereizter Stimmung sind, richtet sich unter Umständen der Volkszorn gegen einen Menschen, der vorbestellte Karten abholen oder gar zurückgeben will. Manchmal allerdings handelt es sich auch um echte unverschämte Flegel, die sich einfach vordrängeln! Und wenn sie damit auch noch zum Ziel kommen – schließlich kann man sie ja nicht erschlagen –, ist die gerechte Empörung riesengroß.

Bisher war nur von stehenden Schlangen die Rede. Es gibt auch noch die viel längeren fahrenden. Darüber später.

Ist man wirklich so alt, wie man sich fühlt?

Ich erinnere mich noch an den strahlenden Stolz, mit dem ich so ganz unauffällig meinen Freundinnen gegenüber durchblicken ließ, daß das männliche Wesen, dem ich gerade zugeneigt war, schon ein gestandener Herr wäre, der sich durch ungeheure Reife und Welterfahrung imponierend von den Tanzstundenknaben abhöbe. Er zählte neunzehn Lenze und hatte die Schule fast hinter sich! Und dann dauerte es nur ein paar Jahre, bis man selber älter war als die Oberprimaner und feststellte, daß zu unserer Zeit doch wohl die Herren und Damen in den oberen Schulklassen nicht derart kindisch in Aussehen und Auftreten gewesen sein könnten. Und wieder ein paar Jahre später wunderte man sich, wie schrecklich jung die Leute aussahen, die da aus den Büros oder dem Universitätstor geströmt kamen. Man hatte sich selbst viel gereifter in Erinnerung.

Und dann sind auf einmal viele Leute, die früher immer älter und würdiger waren als man selbst, erheblich jünger. Zuerst und schon ganz früh begegnet man Verkäuferinnen, denen man Jahre voraus hat, nachdem man die ganze Kinder- und Mädchenzeit hindurch gerade zu ihren Berufsgenossinnen immer als zu Erwachsenen aufschaute. Dann plötzlich hat man mit einem Arzt oder einer Ärztin zu tun, die jünger sind als man selbst. Ärzte waren immer älter – Respektspersonen, die einem nicht nur Wissen medizinischer Art, sondern auch Lebenserfahrung voraus hatten –, und nun kommt da so ein junger Mann daher ... Und wenn man nach vielen Jahren wieder einmal – diesmal als Mutter – zur Schule geht, macht man die überraschende Feststellung, daß inzwischen Lehrer und Lehrerinnen nachgewachsen sind, denen man einige Jahre voraus hat, was sie natürlich nicht daran hindert, alles besser zu wissen. Manchmal tun sie es übrigens wirklich, was man aber gar nicht gern hat – bei so jungen Leuten! Und dann sind plötzlich auch Pfarrer da, die jünger sind, Professoren, Minister und Generäle. Zuerst tröstet man sich damit, daß es natürlich nur „Überflieger" sind, die es ganz jung zu etwas gebracht haben; aber von Jahr zu Jahr wird es weniger sensationell. Sehr deprimierend war es, neulich sogar von einem Erzbischof zu lesen, der erst laufen gelernt hat, als man selbst schon fast den Kindergarten hinter sich hatte!

Das schöne Sprichwort, daß man so alt ist, wie man sich fühlt, trifft deswegen auch nur insoweit zu, als man sich in jeder Umgebung ganz anders fühlt. In dem hochfeinen Kurhotel, wo bei unserem Eintreffen das Durchschnittsalter von etwa Siebzig spontan beträchtlich sinkt, kommt man sich mächtig jung vor, während man sich im Kreise alter Freunde, die sich in den letzten Jahren neue hübsche junge Gattinnen zugelegt haben, auf die scheußlichste Art uralt fühlt. (Und es hilft auch gar nichts, sich seine inneren Werte ins Gedächtnis zu rufen!) Wenn man zum soundsovielten Male am Tag nach seiner Brille sucht und die Namen seiner Töchter vertauscht, muß man in fataler Weise an seine liebe Großmutter denken.

Und dann kommt es natürlich nicht nur darauf an, wie man sich selbst fühlt, sondern auch darauf, was die anderen von einem halten. Für meinen Onkel, der es immer noch versucht, mit dem martialischen Zuruf „Sitz gerade!“ meine Haltung zu verbessern, werde ich nie erwachsen, während meine Tochter und ihre Schulkameradinnen eine Lehrerin, die etwa so alt ist wie ich, für eine Art Greisin halten, deren Geisteskräfte schon durch zunehmende Verkalkung bedauerlich geschwächt sind. Und man merkt auch an sich selbst, wie sich etwa die eigene Ansicht darüber, was man unter dem Begriff „junger Mann“ zu verstehen hat, merklich verändert. Es geht ja noch nicht gerade so weit, daß man (wie manche munteren Achtzigjährigen) meint, jemand sei „noch ganz jung“ gewesen, der soeben im Alter von Anfang Siebzig dahingeschieden ist. Aber als neulich von einer „ganz jungen Frau“ die Rede war, wobei es sich dann um eine Mittdreißigerin handelte, geschah dies nicht nur im Gegensatz zu ihrem sehr viel älteren Freund, sondern auch aus dem Blickwinkel der Gesprächsteilnehmerinnen. Hat man doch vor vielen Jahren selbst einmal allen Ernstes gedacht, für eine Frau von Siebenunddreißig etwa sei der beste Teil des Lebens ganz sicher gelaufen!

Tiefschläge in dieser Hinsicht erhält man ziemlich früh. Ich war beispielsweise gerade Achtundzwanzig, als eine Nichte angesichts meines Fotos feststellte: „Warst du aber hübsch, als du noch jung warst!“

„Na, Oma, soll ich Ihnen über die Straße helfen?“

Früher verband sich mir mit dem Gedanken, einmal dreißig Jahre alt zu werden, eine ganz schreckliche Vorstellung von Alter, Verkalkung und Mit-dem-Leben-abgeschlossen-Haben. Da nun aber just an meinem dreißigsten Geburtstag ein großer Ball stattfand, an dem ich unerhörte Gelegenheiten hatte, mit den ansehnlichsten Männern bis zum Morgengrauen zu tanzen, die sich alle kein bißchen anders zu mir betrugen, als wäre ich noch neunundzwanzig und nicht schon so uralt, habe ich diese Klippe glücklich überwunden. Und da es auch ganz ähnlich am vierzigsten Geburtstag war – nämlich so, daß sich eigentlich gar nichts so recht änderte –, sähe ich getrost in die Zukunft, wenn da nicht ein furchtbarer Alptraum wäre: die Vorstellung, daß wildfremde Leute plötzlich zu mir „Oma“ sagen. „Laßt die Oma doch mal sitzen!“ oder „Na, Oma, geht's denn noch?“ oder „Na, Oma, soll ich Ihnen über die Straße helfen?“ hört man da immer wieder, wenn manche Leute besonders freundlich zu älteren Damen sein wollen. Ich kann mir schon so richtig vorstellen, wie ich später in solchem Fall als rüstige Siebzigerin mit allen möglichen Leuten Streit anfangen werde, dern Oma ich ganz gewiß nicht sein will. Ich kann mir auch kaum denken, daß alle älteren bis alten Herren darüber glücklich sind, zum Opa völlig unbekannter Enkel zu werden, die meist noch dazu neigen, diesen Opa wie einen ganz leicht

Schwachsinnigen zu behandeln, der Schwierigkeiten hat, selbständig einen Fahrschein zu lösen oder eine ähnliche Geschäftshandlung zu vollziehen.

Wie aber soll man nun eigentlich eine ältere Dame anreden, deren Namen man nicht kennt, oder einen älteren Herrn? Mit: „He, Sie da!" ist es schließlich auch nicht getan. Aber eine vernünftige Anrede ist leider in der sonst so schönen und mannigfaltigen deutschen Sprache nicht vorgesehen. Es ist auch nicht klar, wie man einen jungen Mann, eine Dame mittleren Alters oder einen gestandenen Herrn nennen soll. Einzig und allein die junge Dame verfügt über die Anrede „Fräulein" ohne Namen, was darauf schließen läßt, daß eine ganz besonders dringende Notwendigkeit besteht, unbekannte junge Damen anzusprechen. Und so bleibt man für fremde Menschen sehr, sehr lange „Fräulein", weil sie sonst nicht wissen, was sie sagen sollen, es sei denn „Gnädige Frau". Dies aber ist durchaus nicht jedermanns Sache und bleibt eigentlich teuren Läden vorbehalten oder Leuten, die wissen, wie man heißt. Eine schöne und schmeichelhafte Regelung gab es früher bei den rheinischen Marktfrauen: bis etwa Mitte Zwanzig war man „Fräuleinchen", ab dann bis ins reifere Alter „Fräulein" und schließlich, von den Vierzigern ab, wurde man zur „Jungen Frau" befördert, und das blieb man dann auch. Na, bitte! Manche Damen sind quasi von Berufs wegen „Fräulein", sie mögen noch so würdig und betagt sein: Verkäuferinnen, Schaffnerinnen und auch Kellnerinnen. Mein Sohn, der einst in feinem Taktgefühl eine ältere servierende Frau analog zu dem „Herrn Ober" mit „Frau Oberin" ansprach, erntete nur Gelächter für diesen Beitrag zur Frauenemanzipation.

Manche Kinder übrigens haben es mit „Tante" und „Onkel", was sie zu der irrigen Vorstellung verführen kann, die Welt wäre immer nur lieb und gut und alle Onkels und Tanten verdienten volles Vertrauen. Glücklicherweise gewöhnen sich die meisten Kleinen diese Anrede ziemlich schnell wieder ab, und nur die ohnehin etwas aus dem Rahmen fallenden Kinder, die man in Film und Fernsehen bewundern kann, reden noch im reifen Alter von etwa zwölf Jahren alle Fremden mit „Onkel“ und „du“ an – eine Vorstellung, die offenbar ein Glaubenssatz vieler Drehbuchautoren ist, die ihr Bild von Kindern anscheinend nur aus anderen Filmen beziehen. Aber was soll man nun den Sprößlingen wirklich als geeignete Anrede beibringen?

Männer zwischen fünfzehn und fünfunddreißig etwa werden zuweilen schlicht „Junger Mann“ tituliert, was sie nach eingehenden Erkundigungen auch nur zwischen ihrem fünfzehnten und siebzehnten Geburtstag schätzen. Später finden sie eher, daß es ihrer Würde einigen Abbruch tut, solchermaßen auf ihre Weltunerfahrenheit hingewiesen zu werden. Außerdem wird die Anrede „Junger Mann“ allzuoft im Zusammenhang mit dem Wunsche gebraucht, daß der so Angesprochene irgendwo zugreifen soll – eine Kiste heben, ein Auto anschieben – „heh, junger Mann, können Sie nicht mal eben ...“ Und der junge Mann, soweit er wohlerzogen und hilfsbereit ist, hebt und schiebt und wäre doch lieber „Herr Sowieso“. Auch die Anfrage im Laden „Na, junger Mann, was soll's denn sein?“ ist bei mehr oder weniger empfindlichen Herren um die Dreißig nachweislichermaßen nicht eben sehr geschätzt.

Aber alles ist nur relativ, und so wird mancher aufbegehrende „junge Mann“ von heute später sehnsüchtig an diese Zeiten zurückdenken – dann nämlich, wenn es ihm zum erstenmal geschieht, von Wildfremden „Opa“ genannt zu werden. Genaugenommen liegen gar nicht so viele Jahre dazwischen.

... und wer erbt die goldene Uhr?

Zu den mannigfachen Möglichkeiten, zu Geld und Gut zu kommen, gehört – nicht an letzter Stelle – auch das Erben. Immer lese ich voller Neid, wenn etwa in der Zeitung nach den Verwandten des neunzehnhundertsechsundzwanzig nach Amerika ausgewanderten Alois Neubauer gesucht wird, und überlege fieberhaft, ob nicht vielleicht auch in meinen Adern Neubauer-Blut rollt. Es muß wirklich hübsch sein, von einem längst verschollenen und vergessenen Verwandten, um den man also auch nicht allzu traurig sein kann, ein Vermögen zu erben; denn – so sagt man sich – hätte der liebe, vergessene Alois oder Onkel Alois nur seine alten Anzüge und Fotos hinterlassen, so würde man doch sicher nicht die Erben auf kostspielige Art und Weise suchen. Allerdings passiert es nur sehr selten, daß sich das Leben durch eine unerwartete Erbschaft grundlegend ändert. Zumeist sind die Erben reicher Onkel selber reich, oder aber sie sind so zahlreich, daß Alois Neubauers gutgehendes Speiselokal in Chikago, geteilt durch sechsundzwanzig minus Erbschaftssteuer, nur noch in Gestalt einer Sommerreise oder einer Waschmaschine oder auch nur einer längst fälligen Neutaperierung des Wohnzimmers in Erscheinung tritt.

Aber auch kleine Erbschaften sind nicht ohne Reiz. Das merkt man spätestens dann, wenn der Kampf um Tante Annis silberne Mokkalöffel entbrennt. Es ist gar nicht so, daß einem so besonders viel an diesen Löffeln liegt, sondern so, daß jemand anders sie nicht bekommen soll. Die Schwägerin etwa, die schon bei der letzten Erbteilung den echten Kummer der anderen ausnutzte und mit den besten Sachen abzog, die soll sie ganz gewiß nicht haben! Leider erwecken habgierige Leute auch bei den andern die übelsten Instinkte, so daß selbst wirklich großzügige Menschen sich plötzlich in einen Kampf um Kleists „Gesammelte Werke" verwickelt sehen, bloß weil Vetter Gerhard, wie schon bei Hebbel, Fontane, Grillparzer und Schiller, nun auch bei Kleist behauptet, der Verblichene habe ihm die Werke schon zu Lebzeiten geschenkt und er habe sie nur stehen lassen, um die Bibliothek nicht auseinanderzureißen.

Das Schenken zu Lebzeiten (oder wie es so poetisch heißt: „das Schenken mit warmer Hand") ist überhaupt ein Kapitel für sich. Es ist sehr lieb, wenn etwa die Großmama sich darüber freuen will, wie hübsch ihre Kette der Enkelin steht, und sie zum Geburtstag schon einmal herschenkt. Großmama trägt sie doch nicht mehr, und die Enkelin freut sich jetzt ganz bestimmt viel mehr darüber als in zehn Jahren, wenn sie vielleicht schon selbst Schmuck hat oder sich welchen kaufen könnte. Und wenn die liebe alte Tante jeder ihrer Nichten erlaubt, an den immer bewunderten Eckschrank zu treten und sich ein Stück des Staatsporzellans auszusuchen, wird das sicher eine dankbare Erinnerung an die alte Dame schaffen – besonders, da es sehr selten ist, daß sich alte Leute auch von den Dingen, für die sie überhaupt keine Verwendung mehr haben, trennen können. Aber großen Ärger kann es geben, wenn echte Erbschleicher am Werke sind, die sich gewissermaßen vom Sterbebette her reich beschenken lassen. Es ist so leicht, einer armen, kranken, alten Person etwas abzuschwatzen, und leider ist es für schwarze Seelen noch leichter, später schlicht zu behaupten, man habe etwas geschenkt oder versprochen bekommen. Keiner kann dies Unwesen kontrollieren. Oft, und dies muß auch gesagt werden, weil zuweilen sich keiner in den letzten Tagen und Wochen um die alte Tante oder den kranken Onkel gekümmert hat, als eben der, der jetzt im umstrittenen Besitz der alten goldenen Repetieruhr ist. Man hat übrigens nie damit gerechnet, die wunderschöne alte Uhr selbst zu bekommen, dazu gab es stets viel nähere Anwärter – aber daß sie nun die Haushälterin des guten Großonkels hat, die, die ihn „zu Tode pflegte", das geht zu weit! In solchen Augenblicken entwickelt der Mensch oft einen gewaltigen Familiensinn und geht dafür auf die Barrikade, daß das gute Stück in der Familie bleibt, was bedeutet, daß der Cousin sie bekäme, der einen als Kind immer verpetzt hat. Er ist zwar ein echter Widerling, aber seinetwegen brauchte sich Urgroßmutter nicht im Grabe herumdrehen, was sie nach allgemeiner Ansicht täte, wenn die Uhr, die sie einst ihrem Manne schenkte, nun die fremde Person bekäme.

Übrigens gibt es natürlich auch Testamente. Manchmal sind sie aber leider so abgefaßt, als ob sie nur dazu ausgedacht worden wären, um Unfrieden zu stiften. Sicher hat sich mein Großvater nicht im Traume ausgemalt, daß sich aus seiner Klausel: „Die Bibliothek bleibt im Hause, aber jeder darf sie benutzen!" im Verlauf von fast dreißig Jahren Tonnen von Dynamit entwickeln könnten. Aber das war nichts gegen das, was der Erblasser anrichtete, der einem seiner Söhne sein Haus vererbte mit der Auflage, seine Geschwister immer gastfreundlich aufzunehmen.

Heiratsvermittler an der Arbeit

Es ist eine altbekannte Tatsache, daß Leute, die glücklich verheiratet sind – vor allem, wenn dieser Zustand noch ganz neu und frisch und voller Sensation ist –, dazu neigen, gewissermaßen als Missionare für den Ehestand aufzutreten, um dieses Glück möglichst vielen Freunden und Verwandten auch zukommen zu lassen. Anderen Paaren, die bis dahin unbekümmert zusammenlebten, wird ins Gewissen geredet, wobei der Umstand schamlos ausgenutzt wird, daß ohnehin anläßlich einer so richtig schönen Hochzeit immer der eine oder andere bisher nicht an Trauringe Denkende unruhig wird. Es wäre ja wohl gelacht, wenn es nicht gelänge, die wirklich reizende und hübsche und kluge gemeinsame Freundin oder den netten, lustigen und beruflich erfolgreichen Freund auch in absehbarer Zeit zu verheiraten – womöglich gar miteinander!

Und so bringt man sie nach einem zuweilen von mehreren Eingeweihten geschmiedeten Plan rein „zufällig" zusammen und wartet voller Spannung darauf, ob wohl der Funke überspringt. Nachdem man dann noch mehrfach jeweils dem einen gesagt hat, wie entzückend die andere ist – und umgekehrt –, fühlt man sich irgendwie zutiefst enttäuscht, wenn sich überhaupt rein gar nichts ereignet, das einen auf zukünftige Hochzeitsglocken hoffen lassen könnte. Dem Ehestiften ist eben wirklich sehr selten Erfolg beschieden, selbst wenn man von den reinsten Motiven bewegt worden ist. Da gibt es beispielsweise eine richtig nette junge Frau, die mit ihren beiden kleinen Kindern so allein gar nicht zurechtkommt, und einen wahren Kindernarren im passenden Alter, der sich aus diesen und jenen Gründen zur Zeit schrecklich allein fühlt. Und was passiert, nachdem alles von fürsorglichen Freunden taktvoll und umsichtig eingefädelt worden ist? Er heiratet Hals über Kopf ihre Scheidungsanwältin, die weder von Kindern noch von der Ehe etwas hält und die bis dahin als ein so hoffnungsloser Fall galt, daß sie gar nicht erst in irgendwelche Planungen einbezogen wurde.

Jahrhundertelang waren Eltern und Verwandte die eifrigsten Ehestifter. Auch heute noch fangen liebe alte Tanten an, Pläne zu schmieden, nicht erst, wenn die Eingeplanten ins heiratsfähige Alter kommen, sondern bereits, wenn sie sich in der Sandkiste Küßchen geben oder Förmchen an den Kopf werfen. Leider aber verabscheuen sich die Kinder von Freunden zumeist untereinander und denken nicht im Traum daran, einander später zu heiraten, obwohl das doch so nett und passend wäre. Sie haben ganz andere Partner im Sinn, die weder so nett noch so passend sind – aber, was hilft's?

Obwohl die Zeiten sich grundlegend geändert haben, gibt es auch immer noch Mütter, die wie ihre eigenen Großmütter ihr Bestes tun, um vor allem ihre Töchter zu verheiraten. Das Beste etwa darin, daß Männern, die sie für „passend“ halten, versichert wird, diesen Kuchen oder diesen Braten habe die Tochter selbst zubereitet; daß gemeinsame Kinobesuche arrangiert und Freuden des Ehestandes gepriesen werden; daß man die Auserwählten überaus dringlich immer wieder zum Essen bittet und daß man noch nicht einmal vor Äußerungen wie: „Wer die mal bekommt, hat aber wirklich Glück!“ zurückschreckt.

Kein Wunder, daß sich die armen Betroffenen manchmal vor Peinlichkeit winden, vor allem dann, wenn da wirklich ein Gefühl im Spiel sein sollte. Und auch Versprechungen wie: „Das kriegt alles mal unsere Tochter mit!“ können eher das Gegenteil der beabsichtigten Wirkung hervorbringen.

Es liegt in der Natur der Sache, daß unverheiratet Zusammenlebende nicht nur dem Zuspruch verheirateter Freunde ausgesetzt sind nach dem Motto: „Worauf wollt ihr eigentlich noch warten?“, auch die Verwandtschaft – vor allem die gereiftere – sähe zu gern, daß die Sache „ihre Ordnung“ hätte. Und wenn sie sich mit ihren Bemühungen bei den Hauptbeteiligten genug Abfuhren geholt haben, setzen sie den lieben Eltern oft sehr hartnäckig und zuweilen gar bösartig zu.

Es ist übrigens rührend zu beobachten, wie bei Eltern, die immer tapfer behauptet haben, ihre Kinder seien zu vernünftig, zu selbständig oder zu verantwortungsbewußt zum Heiraten, häufig die schiere Glückseligkeit ausbricht, wenn es schließlich doch zu guter Letzt noch eine Hochzeit auszurichten gilt.

Hat man Sie auch schon einmal verwechselt?

Der Herr, der mich dringend bat, Hans-Wilhelm zu grüßen, wird es nie erfahren, daß ich die Grüße nicht bestellt habe. Er begrüßte mich mit solcher Freude, daß ich mich einfach nicht traute, ihm zu sagen, daß ich keine Ahnung hätte, wer um Himmels willen er sei. Ich bekam es auch im Laufe des Gesprächs, obwohl ich krampfhaft in allen Winkeln meines Gedächtnisses herumkramte, nicht heraus, und da ich mich als freundlicher Mensch auch gefreut hatte, ihn wiederzusehen, konnte ich schlecht nachfragen. Der Gruß an Hans-Wilhelm klärte dann alles auf: Er hielt mich für ganz jemand anders; aber als ich das begriffen hatte, war er schon weg.

Wie oft man wohl jemand für jemand anders hält? Es liegt in der Natur der Sache, daß man es zumeist gar nicht merkt. Meine Freundin unterhielt sich neulich im Bus längere Zeit mit der Apothekerin über deren Sohn, über den meine Freundin nicht allzu informiert war. Hinterher, als sich die Apothekerin bei mir beklagte, stellte sich heraus, daß sie meine Freundin für die Englisch-Lehrerin gehalten hatte, die seitdem mächtig in ihrer Achtung gesunken war.

Da jeder Mensch sich mit Recht für eine Individualität hält, kränkt ihn natürlich die Möglichkeit, daß er ein anderer sein könnte – und besonders kränkend kann dann sein, wenn man bemerkt, wer der andere ist. Dies ist doch wohl unmöglich, daß man ausgerechnet mit dieser Ziege oder mit jenem Hornochsen verwechselt werden kann! Manchmal ist der sich Irrende allerdings – zum mindesten in seinen eigenen Augen – auch entschuldigt: Wenn er beispielsweise denkt, er hätte noch immer die Freundin von Freund Johann vor sich, die er vor einem halben Jahr kennenlernte, so liegt das sicher daran, daß Freund Johann so oft wechselte, aber immer den gleichen Typ mit superlangem Blondhaar wählt. Trotzdem ist die neue Blondine verschnupft, wenn man sie nach dem weiteren Verlauf der Ferien auf Sylt fragt, denn in ihren Augen waren natürlich alle alten Blondinen nicht der Rede wert. Vielleicht hat man ihr ja auch Sylt aus diesen und jenen Gründen verschwiegen?

Ziemlich beleidigend für die Weiblichkeit im ganzen ist es übrigens, daß man Damen offensichtlich häufig weniger Aufmerksamkeit schenkt und sie lediglich an Hand ihrer Ehemänner identifiziert, wie jede Frau erfahren kann, wenn sie sich einmal am Arm eines anderen Herrn auf eine größere Gesellschaft begibt. Da werden sie doch tatsächlich von einigen Männern, die sie bisher immer gekannt haben, mit dem Namen ihres zufälligen Begleiters angeredet. Es ist überflüssig, hier noch auszuführen, daß die verwechselten Damen aber auch nicht die allergeringste Ähnlichkeit haben müssen. Mir machte neulich sogar jemand das hübsche, wenn auch nicht besonders originelle Kompliment, ich würde jedesmal, wenn er mich sähe, jünger. Kunststück – die, mit der er mich verwechselte, ist mindestens fünfzehn Jahre älter und fünfzehn Pfund schwerer!

Wenn man sich übrigens unter jungen Leuten umhört, stößt man oft auf die Klage, daß die Eltern die ständig aus- und eingehende Freundesschar nicht immer sauber auseinanderhalten können. Mal halten sie einen ganz neuen für den, der im letzten Jahr geholfen hat, das Auto zu reparieren, und mal erkennen sie den Freund der besten Freundin nicht wieder, obwohl er doch vor längerer Zeit schon dreimal mit zu Abend gegessen hat.

Ich erlebte vor kurzem mit, wie eine Dame einen Telefonanruf von einem Herrn bekam, der sie unbedingt besuchen wollte, aber immer wieder bemerkte, sein Name täte nichts zur Sache. Sie glaubte zunächst an einen Scherz irgendeines guten alten Freundes und flachste längere Zeit mit ihm herum. Er wollte gleich kommen, und sie könne ihn ja, wenn es unbedingt sein müsse, Gustav nennen. Erst als er sagte, er hätte die Telefonnummer von einem Husumer Geschäftsfreund, klärte sich die Sache auf: In diesem Fall hatte man einmal nur die Telefonnummer verwechselt. Und das kann ja vorkommen.

Von Not- und anderen Lügen

Leuten, die behaupten, nie zu lügen, sollte man mit Vorsicht begegnen. Entweder lügen sie doch, nämlich gerade jetzt, oder aber sie glauben, sie hätten es nicht nötig, und sind infolgedessen ziemlich unausstehlich. Man muß nämlich unterscheiden zwischen den Lügen, die nach Art der Bühnenschurken ausgedacht werden, um Unheil anzurichten, und denen, die erdacht werden, um Kränkungen zu vermeiden und Unheil abzuwenden – natürlich auch von sich selbst. Der kleine Mensch, der beteuert, er habe keine Ahnung, wie wohl die Schokoladenstreusel der Torte abhanden gekommen sein könnten, während sie ihm um Mund und Nase kleben, will niemandem etwas Böses tun, sondern sich nur vor drohenden Unannehmlichkeiten schützen – leider noch mit höchst unvollkommenem intellektuellem Einsatz. Der Schüler, der ein paar Jahre später mit leicht verhangener Stimme dem Lehrer versichert, da sei weit und breit kein Mensch, der ihm Vokabeln abhören könnte, weil seine Eltern ständig auf Reisen seien, hat schon dazugelernt, und nur sehr mißtrauische Pädagogen akzeptieren ihn nicht als bemitleidenswertes Opfer der Wohlstandsgesellschaft.

Der Erwachsene hat es später im Laufe seines Lebens gelernt, einigermaßen plausibel mit der Unwahrheit umzugehen. Das ist auch nötig, denn es ist sehr kränkend, wenn man merkt, daß Leute einen anlügen, ohne sich wenigstens höflicherweise ein bißchen Mühe dabei zu geben. Ich erinnere mich etwa an den Fall, als zwei Freunde aus der Stadt für ein gemeinsames Abendessen Hackfleisch mitbringen sollten und die Stirn hatten zu behaupten, dies hätte es nirgendwo gegeben. Auch die Antwort auf eine dringende Einladung, der Gebetene hätte den ganzen Frühling und Sommer keinen Abend frei, war eine Lüge, die bis zur vollkommenen Peinlichkeit die Wahrheit enthüllte. Und das soll ja gerade nicht der Fall sein. So hat es sich im allgemeinen eingebürgert, daß man es mit triftigen Gründen immer bedauert, wenn man einer Einladung nicht Folge leisten kann. Oft entspricht es ja auch der vollen Wahrheit. Sollte dies aber nicht der Fall sein – die Sache mit den plötzlichen heftigen Kopfschmerzen ist wirklich nicht sehr originell und läßt dem Angeschwindelten auch meist nicht genug Zeit, um statt dessen jemanden anders zu bitten. (Welche Chance man anstandshalber schon einräumen sollte!)

Erfahrungsgemäß lassen sich für freundliche Menschen manche Fragen einfach nicht ohne Unterdrückung der reinen Wahrheit beantworten. Es handelt sich dabei um viele Anfragen mit dem Beginn: „Wie findest du?“ (oder: „Wie finden Sie?“) Ob es dabei um Kleid, Baby, Haus, Schönheitsoperation, Schwiegersohn oder Tischrede geht – soll man es übers Herz bringen zu sagen, daß das Kleid zu den Dickmachern zählt, das Baby fatalerweise dem gewiß nicht schönen Opa ähnelt, das Haus jetzt schon zwei Nummern zu klein und die Schönheitsoperation offenbar kein Meisterwerk ist?

Nicht sehr selten ist man auch gezwungen, für andere Leute den leuchtenden Pfad der Wahrheit zu verlassen. Wer hätte noch nie telefonisch behauptet, jemand, der keine zwei Meter entfernt weilt, wäre nicht da? Welche Mutter hätte noch nie schriftlich formulierte Unwahrheiten für die Schule angefertigt? Und wird man gar unversehens aufgefordert, faustdicke Lügen zu bestätigen (Ich habe seit Tagen versucht, anzurufen … das Päckchen ist längst gepackt und muß nur noch zur Post …), so wird man in neunundneunzig von hundert Fällen als Entlastungszeuge ebenfalls lügend die Lügen untermauern.

Die größten intellektuellen Fähigkeiten verlangen die Lügen, die einem ganz plötzlich einfallen müssen, wenn man in der Patsche sitzt. Wenn man anstatt beim Zahnarzt ganz woanders angetroffen wird, wenn man dummerweise ans Telefon geht, obwohl man eigentlich nicht zu Hause ist, kurzum, wenn man zur falschen Zeit am falschen Ort oder mit den falschen Menschen zusammen ertappt wird. Nicht immer fällt einem auf Anhieb etwas Plausibles ein. Wie sagte doch ein junger Ehemann zu seiner aufgebrachten Frau, als er nach längerer Abwesenheit mit einem hübschen Mädchen aus dem dunklen Garten kam: „Ich habe die ganze Zeit nach einem Babysitter für uns gesucht!"

Ich habe mich wohl ein bißchen verspätet...

Wer viel mit Königen zu tun hat, weiß, daß in diesem Beruf vor allem auf Höflichkeit gesehen wird. Ein gelernter König, Kaiser oder sonstiger Potentat läßt seine Leute nicht warten. Das hat gute Gründe, unter anderem den, daß die Leute sowieso schon des Wartens müde sind, selbst wenn der König pünktlich kommt. Nach guter alter Tradition werden nämlich die kleinen Mädchen mit Blumen, die Jungen mit Fähnchen, die Abgeordneten der Vereine, die Feuerwehrkapelle und nicht zuletzt das Militär etwa zwei bis drei Stunden vorher ohne Rücksicht auf die Unbilden der Witterung aufgebaut. Es ist übrigens in dieser Beziehung ganz gleich, ob es sich um wirkliche Majestäten oder um Präsidenten, Kanzler und andere bedeutende Menschen handelt: für alle Fälle wird der gewöhnliche Sterbliche mit seinem Fähnchen um Stunden vorher in Positur gestellt. Auf der ganzen Welt übrigens.

Im Umgang mit weniger majestätischen Persönlichkeiten nimmt man es nicht so genau. Enttäuschend ist nur, wenn die es dann auch nicht so genau nehmen und etwas tun, was den Königen nicht gestattet ist, nämlich höchst unpünktlich zu erscheinen. Manchmal stört es einen weniger, dann nämlich, wenn man noch mit fliegendem Atem durch seine Wohnung rast, Kissen aufschüttelt, Aschenbecher entleert, Zeitungen wegräumt und Salzstangen und Süßigkeiten malerisch an allen möglichen Stellen im

Raume aufbaut. In diesem Falle darf sich der Gast verspäten. Erbitternd aber wirkt es, wenn das liebevoll angerichtete Abendessen das Warten gar nicht vertragen kann und langsam offenkundige Verfallserscheinungen aufweist.

Vor allem hat man in den meisten Fällen dann auch noch die saure Pflicht, den verspäteten, sich entschuldigenden Gästen zu beteuern, daß sie sich wegen ihrer kleinen Unpünktlichkeit wirklich keine Gedanken zu machen brauchten. Natürlich hätten sie sich doch Gedanken machen sollen. Aber rechtzeitig.

Es gibt Menschen, die sind chronisch unpünktlich. Meist sind es übrigens ganz besonders nette Menschen. Weniger netten, die nur mit einer ganz alltäglichen Menge von Charme ausgestattet sind, bekommt nämlich dauernde Unpünktlichkeit mit der Zeit gar nicht gut, so daß das Leben sie ihnen allmählich ziemlich rauh abschleift. Aber die sehr Netten bringen es fertig, die dümmsten Entschuldigungen so strahlend vorzubringen, daß der angesichts trockener Schnitzel und zusammengesunkener Nockerln aufgeloderte Grimm dahinschwindet und man sich ehrlich freut, sie überhaupt zu sehen. Das ist sehr ungerecht und verzieht natürlich die sehr charmanten Menschen zu wahren Ausbünden an Unpünktlichkeit. Die Verehrer besonders hübscher und begehrter Mädchen können ein Lied hierüber singen. Unter Normaluhren, vor Cafés, Kinos und auf Parkbänken haben sie manch schöne Zeit, um viele Strophen über dies Thema zu dichten. Wer kennt es nicht, dies zermürbende Warten, wo man dazu noch dauernde Auseinandersetzungen mit seinem eigenen Stolz durchzukämpfen hat, ob man wirklich noch weiter warten darf. Man setzt dem geliebten, aber unpünktlichen Wesen konsequent ein Ultimatum; aber da man ja schließlich nicht stur sein will, ist man geneigt, dieses Ultimatum vor Ablauf der Frist noch einmal zu verlängern – und noch einmal, genau wie in der hohen Politik. Schließlich kommt sie und hat nicht die geringste Ahnung von den harten diplomatischen Verhandlungen, die man soeben mit ihr geführt hat, sondern sagt, wenn es hoch kommt, lediglich: „Ich glaube, es ist ein bißchen spät geworden ..." Nicht ganz so hinreißende Mädchen sind übrigens pünktlicher, was auf die Dauer auch sein Gutes hat. Aber ganz pünktlich sind sie auch nicht, da es seit eh und je in den Kreisen junger Damen als untilgbare Schande gilt, als erste zum Rendezvous einzutreffen. Deswegen kommt man lieber ein ganz klein wenig zu spät. Nebenbei bemerkt: erst wenn man es nicht mehr als Prestigefrage betrachtet, wer auf den andern warten muß, dann ist man richtig glücklich und sicher verliebt. Außer ungeduldigen Mitmenschen, die es sich zudem noch leisten können, gibt es eine Menge Institutionen, die auch auf Unpünktlichkeit überhaupt keine Rücksicht nehmen: die Eisenbahn etwa, die Omnibusgesellschaften, das Theater und der berühmte Sonnenaufgang im Gebirge. Allerdings ist es manchen Menschen gegeben, eine gehörige Portion an Verspätung durch größere oder kleinere Spurts aufzuholen. Bei vielen ist der Weg zum Bahnhof oder zur Haltestelle bis ins hohe Alter die einzige Gelegenheit, um noch Leichtathletik zu betreiben. Ja, es gibt Menschen, denen es trotz aller Mühen einfach nicht beschieden ist, je in normalem Schritt einen Zug zu erreichen. Aber es gibt auch die, die bereits zwei Stunden vor Abgang des Zuges, angetan mit Mantel und Hut und ausgerüstet mit Schirm und Koffer, auf der Bettkante sitzen und warten – und seltsamerweise sind auch sie eine harte Prüfung für ihre Mitmenschen.

Wenn ich Ihnen einen guten Rat geben darf...?

Da hat man sich harmlos und unerfahren zwei Jahre lang am Blühen und Früchtetragen eines zufällig mit der Wohnung gemieteten Apfelbaumes erfreut, und plötzlich kommt ein Nachbar oder sonst ein apfelbaumkundiger Mensch hereingeschneit und gibt einem lauter gute Ratschläge, wie man den Baum beschneiden, spritzen, kälken, mit Leimringen versehen und mit Baumscheiben umgeben soll. Natürlich, der Baum hat zwar ohne das alles bisher wundervolle Äpfel getragen, die auch nicht mehr Würmer hatten als die von anderen Bäumen, aber das war lediglich das unbegreifliche Glück der Dummen, und es ist sehr wenig wahrscheinlich, daß dieses Glück anhält. Schreckliche Dinge werden innerhalb kürzester Zeit mit dem Apfelbaum bei so mangelnder Pflege geschehen! In der menschlichen Natur liegt es begründet, daß man nun zwar nicht sofort zu Taten schreitet und je nach Jahreszeit den Baum kalkt, spritzt, beschneidet und so weiter oder nach einem Mann fahndet, der das übernimmt; man wird wahrscheinlich in den guten Vorsätzen steckenbleiben; aber die wahre Freude an dem Baum ist dahin; nie wieder wird man ihn mit ungetrübter Freude betrachten, sondern immer bei seinem Anblick denken, daß er eigentlich ganz dringend irgendeiner mühsamen Behandlung bedürfe.

Der Apfelbaumkundige hat nicht die geringste Ahnung, was er da angerichtet hat, genausowenig wie jener Mensch, der einer stolzen Mutter rät, mit ihrem schielenden Baby diesen oder jenen Arzt aufzusuchen. Die Gute hatte nämlich bis dahin steif und fest geglaubt, man sähe den kleinen Silberblick eigentlich gar nicht. Auch soll man lieber nicht unaufgefordert raten, die zerschlissenen Sofalehnenecken mit Leder zu reparieren und den glänzenden Anzug mit – ich weiß nicht mehr recht was – zu behandeln. Verschleiß und Glanz sind nämlich so allmählich gekommen, daß sie den Besitzern eigentlich kaum auffallen. Und der in diesen guten Ratschlägen deutlich enthaltene Hinweis auf die Unvollkommenheit von Sofa und Anzug verstimmt empfindliche Gemüter. Es ist also durchaus nicht so, daß gute Ratschläge immer gern gehört würden. Manche Menschen sind geradezu allergisch dagegen. Sie wollen weder wissen, daß sie mit ihrem Husten den Arzt aufsuchen sollten, noch hören, daß man ihnen ein Käsekuchenrezept verraten könne, mit dem der Käsekuchen besser geriete. Sie sind auch gar nicht dankbar dafür, wenn man ihnen mitteilt, daß die Flecke auf dem Teppich ganz bestimmt herausgingen, versuche man es nur einmal mit diesem oder jenem Mittel, und daß die Fenster einen noch schöneren Glanz bekämen, füge man dem Fensterputzwasser einige Tropfen Spiritus bei. Übrigens sind Frauen für solche Ratschläge am allerwenigsten dankbar, wenn sie ihnen in Gegenwart ihrer Männer erteilt werden. Jeder dieser freundlichen Ratschläge enthält nämlich einen großen Teil Kritik, und Bitternis wallt in der Frau auf, wenn ihr Mann plötzlich nach Wochen versonnen mit einem Blick auf ein putzbedürftiges Fenster sagt: „Frau Z. meinte doch neulich, wenn man dem Wasser etwas Spiritus beifüge ...", oder wenn urplötzlich der Schnupfen des Söhnchens mit den Worten kommentiert wird: „Frau Z. meinte doch schon gestern oder vorgestern, er müßte eine wärmere Hose anziehen!"

Andere Leute beraten einen auf das ausführlichste für den Fall einer Katastrophe. Auch das wird nicht immer gern gehört. Wenn man einem jungen Ehepaar, das gerade mühsam einen Baukostenzuschuß für eine reizende Wohnung zusammengespart und bezahlt hat, erklärt, wie man am wirkungsvollsten gegen betrügerische Bauunternehmer vor Gericht vorgehe, macht man sich nicht unbedingt beliebt, genausowenig wie bei der Mutter, der man die wirkungsvollste Methode für die Bekämpfung von Lungenentzündung klarmacht, wenn ihr Kind hustet. Was Kinder und Krankheiten betrifft, wird man überhaupt am weitaus üppigsten beraten. Jeder war mal krank, und jeder kennt irgendein Kind, das ein besonders gutes oder aber auch schlechtes Beispiel abgibt. Eine Großtante von mir beispielsweise begründete ihre höchst sichere Vorstellung von Kinderpsychologie auf dem Beispiel eines kleinen Frevlers, der mit Hilfe einer Stecknadel vor vielen Jahren auf ihre nahezu neue Nähmaschine Männchen gekratzt hatte. Seitdem hatte sie nie wieder ein Kind in ihre Nähe gelassen. Trotzdem oder gerade deshalb waren ihre Vorstellungen, wie man aus Kindern edle Geschöpfe macht, sehr feststehend und wurden Müttern von nicht vollkommenen edlen Geschöpfen genauestens klargemacht.

Ich vergaß ganz zu erwähnen, daß manche gute Ratschläge wirklich gut und brauchbar sind, und manchmal befolgt man sie sogar mit höchst günstigem Resultat. Häufig jedoch ist man so erbittert, wenn sie einem unversehens verabfolgt werden, daß einen keine Macht der Welt dazu bringen kann, sie zu befolgen. So habe ich zum Beispiel eine unüberwindliche Abneigung gegen ein paar Tropfen Spiritus...

„Ich bin nicht böse, ich bin nur traurig"

Wie schön wäre doch eine durch nichts zu unterbrechende Harmonie, in der man mit den Menschen, die einem nahestehen, in dauerndem Frieden leben könnte! Aber leider ist dies immer nur zeitweise möglich, da die Welt so eingerichtet ist, daß man ausgerechnet mit den Leuten, die einem am nächsten stehen, entschieden öfter in einen Zustand der Disharmonie gerät als mit relativ Fremden. Das kann ganz verschieden aussehen: Man zankt sich mit dem dringenden Wunsch, den anderen von dessen Unrecht zu überzeugen (oder ihn empfindlich zu treffen), man verläßt türenschmetternd die gemeinsame Bleibe und straft durch Abwesenheit, man sagt sich mit eisiger Freundlichkeit Gemeinheiten, man schnappt ein und ist nicht ansprechbar, man brüllt, wirft mit Gegenständen und stößt ungeheuerliche Drohungen aus – kurzum, es gibt mancherlei Möglichkeiten. Mit einer besonders raffinierten machte ich schon früh Bekanntschaft durch meine Freundin Evelein. Evelein war ein sehr braves Kind mit gesticktem Schürzchen, einer großen Haarschleife und einem Monopoly-Spiel auf französisch. Wenn Evelein unter schlechten Einfluß geriet (das waren leider wir anderen) und sich schmutzig machte oder ein böses Wort sagte oder Passanten mittels Gartenschlauch bespritzte, dann wurde ihre liebe Mutti nicht böse, sondern ganz, ganz traurig. Selbst die hartgesottensten unter uns, die für ähnliche Delikte mit

Ohrfeigen rechnen mußten, fanden das ziemlich schwer zu ertragen. Da war man froh, es mit Eltern zu tun zu haben, die kein bißchen in Tränen und Kummer versanken, sondern ganz munter, wenn auch nicht immer angenehm, reagierten. Die ganz, ganz traurige Mutti war entschieden ein Albtraum.

Leider trifft man überall auf solche Mütter, die beileibe nicht böse werden, wenn ihre Sprößlinge wieder einmal mit einer grauenhaften Vokabelarbeit nach Hause kommen, wenn sie das Marmeladenglas widerrechtlich geleert haben und zum drittenmal im Halbjahr die Turnschuhe verlieren oder wegen ungebührlichen Betragens ins Klassenbuch eingetragen werden – nein, böse werden die Muttis nicht, nur sehr traurig. Kein Wunder, daß die Kinder angesichts solchen Kummers versuchen, ihren Müttern Schmerz zu ersparen – und sei es durch eisernes Verschweigen betrüblicher Vorkommnisse. Väter werden übrigens nicht so leicht traurig, es sei denn, sie sind es eher ungewollt auf Kommando, etwa auf die Ankündigung hin: „Da wird der Papi aber auch sehr traurig sein, wenn ich ihm dies erzählen muß!" Es kann wirklich herzzerreißend auf ein Kind wirken, wenn es mit ansehen muß, wie der Gram beide Eltern zerfrißt, weil eine Fensterscheibe auf Grund verbotenen Ballspiels entzweigegangen ist. Wenn das gleiche Kind viele Jahre später seine Mutter anruft und munter das Gespräch beginnt: „Ich hoffe, du bist nicht böse, daß du die ganze Woche nichts von mir gehört hast!", kann es ihm tatsächlich passieren, daß es wieder zu hören bekommt: „Nein, ich bin nicht böse, ich bin nur traurig ..." (Dies soll besonders anregend auf die Lust zum Telefonieren wirken.)

Doch das in stiller Wehmut geäußerte „nicht böse, nur traurig" bleibt nicht allein dem Verhältnis zwischen Mutter und Kind vorbehalten: Manche Frauen benutzen es mit wahrer Perfektion im Umgang mit Männern, die sehr bedrückt und voller Reue bemerken sollen, welchen Kummer sie angerichtet haben. Es ist sehr viel einfacher, mit einer wütenden Frau fertig zu werden und herumzustreiten als mit einer, die „bloß" traurig ist. Ganz offensichtlich fühlt sich der Mann, der dies verursacht hat, in vielen Fällen bedrückt ob seiner eigenen Verständnislosigkeit, Brutalität oder Hartherzigkeit und ist zu jeder Wiedergutmachung bereit, um der Traurigkeit Herr zu werden. Leider muß auch gesagt werden, daß er sich in Wiederholungsfällen eher enerviert fühlt und die Flucht ergreift, was ganz bestimmt nicht in der Absicht der nun einsam Trauernden lag, vor allem, wenn diese Flucht geradewegs zu einer anderen Dame führt, mit der man sich frisch-fröhlich streiten kann. Eine mit voller Kraft zugeschmetterte Tür kann eine wahre Erholung gegen tränenverschleierte Blicke und stille Wehmut sein!

Nur nicht die Freude verderben!

Im grauen Altertum wurde zuweilen die Unsitte praktiziert, daß man Boten, die schlechte Nachrichten überbrachten, kurzerhand vom Leben zum Tode beförderte. Den meisten Männern muß noch eine Erinnerung an jene Zeiten in den Knochen stecken, denn nichts hassen sie so sehr, wie das Übermitteln von unangenehmen Tatsachen. Und weil sie als sensible Geschöpfe möglichst allem Wirbel aus dem Wege gehen, sparen sie sich gern schlechte Nachrichten bis zum allerletzten Moment auf – manchmal sogar über den allerletzten Moment hinaus. So kommt es dann zu den größeren oder kleineren Katastrophen, die sich in diesem Umfang hätten vermeiden lassen, hätte man's nur eher gewußt.

Das fängt an bei den gar nicht geliebten Verwandten, die am Wochenende überraschend vor der Tür stehen und den Hinweis: „Hättet ihr doch bloß Bescheid gesagt, dann hätte ich jetzt mehr im Hause!“ damit kontern, daß sie sich schon am Dienstag beim Hausherrn angemeldet hätten; und das endet bei den Herren, die sich mit ihren Gattinnen beflissen Sommerhäuser in Ascona und Winterhäuser in Arosa zwecks Kauf anschauen, während sie genau wissen, daß ihr einst blühendes Geschäft in längstens vierzehn Tagen seine Zahlungsunfähigkeit erklären muß. Dann gibt es Männer, die längst erfahren haben, daß sie aus diesem oder jenen Gründen ihre Frau nun doch nicht mit auf die Geschäftsreise nehmen können, und mißgelaunt, aber schweigend zusehen, wie sie sich ein neues Kostüm für die Reise machen läßt. Andere hören kommentarlos schöne Pläne für den Sonnabendnachmittag an, obwohl sie längst eine Fußballkarte in der Tasche haben, und wieder andere lassen einen in dem guten Glauben, das Auto habe nur einen geringen Blechschaden, während in Wirklichkeit die Vorderachse in Mitleidenschaft gezogen wurde. Auch soll es schon vorgekommen sein, daß in einem sehr geliebten Garten noch neue Rosen gepflanzt wurden, während die Versetzung in eine andere Stadt längst perfekt war.

Zur Rede gestellt – denn leider muß zugegeben werden, daß alle Frauen dazu neigen, ihre Männer zur Rede zu stellen, wenn sie ganz spät oder gar zu spät von großen und kleinen Katastrophen hören –, wird man normalerweise mit mildem Vorwurf für so viel Unverständnis zu hören bekommen: „Ich wollte dir doch nur den Ärger ersparen!“ oder: „Ich wollte dir doch nicht die Freude verderben!“ oder: „Ich kann eben nicht ertragen, wenn du unglücklich bist!“, was einen eigentlich rühren sollte. Dies trifft aber ganz und gar nicht immer zu. Im Gegenteil: Es erfüllt einen mit gerechtem Zorn, wenn man durch die Frage einer relativ fremden Dame, ob man sich schon auf die neue Stadt freut, erfährt, daß man umziehen wird; wenn plötzlich von einer gemeinsam geplanten Reise überhaupt nicht mehr die Rede ist; wenn eine Autoreparaturrechnung ins Haus kommt, die darauf schließen läßt, daß die „kleinen Kratzer“ ein halbes neues Auto forderten, und wenn man im letzten Augenblick hört, daß die Schwiegermutter schon morgen zu Besuch kommt, so daß man nichts mehr auf Hochglanz bringen kann. Außerdem fühlt man sich natürlich immer blamiert, wenn andere Leute Dinge wissen, die uns betreffen und die wir eigentlich schon längst hätten wissen müssen.

Kleine und größere Jungen bringen es fertig, ihre Eltern in nebulösen Vorstellungen über ihre schulischen Leistungen leben zu lassen, obwohl die Knaben eigentlich wissen müßten, daß dies acht Tage vor den Zeugnissen ganz unangebracht ist. Dieselbe Mentalität findet sich bei durchaus erwachsenen männlichen Wesen, die auch mit jenen schlechten Nachrichten nicht herausrücken, von denen sie wissen, daß sie garantiert eines näheren oder ferneren Tages bekanntwerden. Ein ausgefallener Urlaub läßt sich nicht wie ein geheimer Fehltritt verschleiern, die Anschaffung eines superteuren Autos kann nicht verborgen bleiben, und das Versprechen, dem widerlichen Vetter die Campingausrüstung zu leihen, kommt spätestens dann heraus, wenn er vor der Tür steht, um sie abzuholen. (Hätte man's rechtzeitig gewußt, hätte man wenigstens die guten neuen Luftmatratzen in Sicherheit bringen können!) Und dann muß man noch die freundlichen Worte hören: „Ach, weißt du, ich wollte dir eben nicht die Laune verderben!“ Die Bemerkung, daß dies viel besser gelungen wäre, wenn er dem wirklich unausstehlichen Vetter nicht die Ausrüstung geliehen hätte, ist natürlich unangebracht und sollte unterdrückt werden, weil freie Männer tun, was sie wollen.

Angesichts dieser Tatsache ist es an uns, zu prüfen, ob wir denn wirklich mit den Überbringern schlechter Nachrichten so umspringen wie die Herrschaften im Altertum. Ich meine, daß wir leider nicht immer ruhig und gelassen bleiben, aber noch viel unruhiger und weniger gelassen werden, wenn wir unangenehme Sachen zu spät oder durch andere erfahren. Und vom Leben zum Tode befördert haben wir ganz bestimmt noch keinen Unglücksboten – nicht einmal dann, wenn er das Unglück bis zu einem gewissen Grad selbst verschuldet hatte.

„Das hätte ich dir gleich sagen können!"

Wenn einem irgendein Unglück widerfährt – es kann ein kleineres sein, wie ein beim Waschen eingegangener Pullover, ein mittleres, wie ein zusammengebrochener Gebrauchtwagen, oder ein größeres, wie ein Freund, der einen ganz und gar verlassen hat –, so braucht man nach der Ansicht mancher Leute nichts so dringend und notwendig, wie einen mitfühlenden und taktvollen Menschen, der mit gewissem Triumph äußert: „Das habe ich dir ja gleich gesagt!" Irgendein Mensch dieser Art findet sich fast immer, der einem so richtig klarmacht, daß man nicht nur unglücklich ist, sondern auch dumm war, und daß ein vernünftiger Mensch nicht in dies Unglück gerannt wäre. Ein vernünftiger Mensch hätte zumindest doch den Pullover vorsorglich in die Reinigung gegeben!

Es ist ein Jammer, daß diese mitfühlenden und taktvollen Leute nicht so recht gewürdigt werden. Wie selten kommt es vor, daß ein Unglücklicher so richtig aus tiefem und einsichtigem Herzen die doch naheliegenden Worte ausspricht: „Ja, hätte ich nur auf dich gehört." Zumeist bleibt es dabei, daß die Betreffenden es selbst sagen müssen: „Ja, hättest du nur auf mich gehört!" Und dann ernten sie doch nicht einmal Gefühle reiner Sympathie – im Gegenteil, meist ist der Mensch, an dessen Kummer sie so rührend Anteil nehmen, auch noch verstimmt, und es ist durchaus möglich, daß sie harte Worte hören wie: „Ach, halte du doch wenigstens jetzt den Mund!" oder daß man gar bestreitet, daß sie es ja gleich gesagt haben. Als kleines Mädchen habe ich sogar einmal eine Ohrfeige von einem Freund bezogen, als sein mit großer Mühe gebasteltes Seifenkistenfahrzeug zusammenbrach, und ich daran erinnerte, dies vorhergesagt zu haben für den Fall, daß er bei der Konstruktion auch Pappe verwenden würde. Merkwürdig, wie wenig Anerkennung man zuweilen für unbestreitbare Voraussicht findet!

Manchmal war übrigens das „Gleich-gesagt-Haben" so schwach, daß man sich kaum daran zu erinnern vermag – wobei man sogar feststellen kann, daß es Leute gibt, die grundsätzlich von allem behaupten, es gleich gesagt zu haben. Die muß man dann kräftig daran erinnern, daß doch eigentlich sie es waren, die eigens auf den herrlichen Südbalkon der nun enttäuschenden Wohnung hingewiesen haben und die doch von Jürgen, der sich als Leichtgewicht erwiesen hat, zuerst so hell begeistert waren, daß sie seine Lieblingssorte Tee immer im Hause hatten. Es lenkt zuweilen etwas vom Kummer ab, wenn man jemandem messerscharf beweisen kann, daß er (in diesem Fall zumindest) es ganz und gar nicht gleich gesagt hat. Es gibt aber auch Charaktere, die grundsätzlich immer Unheil voraussehen, so daß einzelne Treffer nicht als besondere Weisheit angerechnet werden können. Ich denke da etwa an eine Tante, die bei jeder Verbindung fester oder loserer Art, die eine ihrer zahlreichen Nichten einging, vor den menschlichen Unzulänglichkeiten des Betreffenden warnte. Natürlich hatte sie einige Erfolgserlebnisse, und natürlich erntete sie in diesen Fällen begreiflicherweise kaum Anerkennung.

Manchmal aber hat jemand ganz unbestreitbar etwas gleich gesagt – unbestreitbar deswegen, weil man heftig mit ihm darüber gestritten hat. Beispielsweise darüber, ob man den Abkürzungsweg über die Berge, der eigentlich mehr ein Wanderweg ist, mit dem Auto benutzen kann. Sitzt man dann festgefahren irgendwo im Geröll, und weit und breit ist nur unberührte Natur und keine Menschenseele, die einem helfen kann, dann kommt die große Stunde für wahrhaft edle Charaktere. Nur die sind nämlich imstande, in solch einem Augenblick alles zu äußern, nur dies eine nicht: „Das habe ich dir ja gleich gesagt!" Und auch die Mutter, die ein halbes Jahr lang heftige Diskussionen mit ihrem Sohn wegen eines von ihr gleich nicht allzuhoch eingeschätzten jungen Mädchens hatte, sollte in dem schmerzlichen Moment, in dem eine Illusion zusammenbricht, ganz schnell alles vergessen, was sie gleich gesagt hatte, und sich die späten Erkenntnisse ihres Sprößlings ohne Hinweise auf die Diskussionen in der Vergangenheit anhören. Man kann übrigens in solchen Fällen ziemlich sicher sein, daß die Betreffenden sich sehr gut daran erinnern, was man an Warnungen geäußert hat, und es einem hoch anrechnen, wenn man imstande ist, nicht darauf aufmerksam zu machen. Vielleicht danken sie es einem sogar einmal, indem sie bei passender Gelegenheit ähnliche Bemerkungen hinunterschlucken. Besonders innerhalb der engeren Bindungen hat man tagtäglich die schönste Gelegenheit hierzu. Es ist übrigens nicht so, daß die Leute, die am häufigsten und am nachhaltigsten darauf hinweisen, daß sie vor jedem Unheil rechtzeitig gewarnt haben, dankbar wären, wenn sie jemand darauf aufmerksam macht, daß er gleich gesagt hat, daß diese Sorte Kaffeemaschinen immer kaputtgeht, daß der Wellensittich – einmal entflogen – nie wieder kommt und daß Frau Grünewald noch jeden menschlich enttäuscht hat. Ganz im Gegenteil, sie reagieren nicht anders als alle anderen Leute auch: höchst undankbar, verärgert und gekränkt!

Wie wird man reich?

Die zuverlässigste Art, zu einem Vermögen zu kommen, ist für den unvermögenden Menschen zweifellos die Existenz eines Erbonkels oder einer Erbtante hohen Alters und nicht allzu widerstandsfähiger Gesundheit. Der Unsicherheitsfaktor besteht höchstens darin, daß zum Schluß das Heim für unverschuldet in Not geratene Seeleute, die Stiftung zur Förderung des Gedankens der Pflege des germanischen Hofhundes, ein das gesamte Vermögen erbschleichender Vetter oder eine aufopfernd pflegende bildschöne Krankenschwester alles erbt und der unvermögende Mensch entweder gar nichts oder aber nur ein sinniges Stück von hohem Erinnerungswert bekommt. Für diesen Fall bleibt die zweite Methode – nämlich die, sich ein Vermögen zu erarbeiten. Obwohl es zweifellos die Methode mit dem höchsten ethischen Wert ist, erweist sie sich doch als ziemlich unsicher, wenn man bedenkt, wie viele Leute auf ein Vermögen hinarbeiten und wie wenige schließlich sich eins zu schaffen vermögen. Für all die anderen bleibt noch ein Weg, über das Glück zu Reichtum zu gelangen. Diese Methode hat den Vorteil, daß sie sehr schnell geht und nur einen höchst geringen Einsatz von Arbeit, Zeit, Intelligenz und Kapital verlangt, weshalb sie natürlich sehr beliebt ist. Der einzige, aber dafür sehr schwerwiegende Nachteil ist ihre wahrhaft durch nichts zu schlagende Unzuverlässigkeit. Man kann sein Leben lang allwöchentlich im Toto oder Lotto tippen, man kann das Achtellos der Klassenlotterie schon von den Vätern oder der oben erwähnten Erbtante ererbt und gewissenhaft erneuert haben – nichts garantiert einem die Aussicht auf einen stattlichen Gewinn. Dagegen kann jeder unwillkürlich die richtigen Kreuzchen malende Zufallsspieler, der nur einmal aus Langeweile einen gefundenen Schein ausfüllte und den Weg zur Annahmestelle erst erfragen mußte, mit dem Hauptgewinn abziehen. Nur der Glaube, daß ja durch nichts erwiesen ist, daß man dieser Spieler nicht auch selbst sein könnte, gibt einem Hoffnung.

Die echte Mühsal beim Losen, Wetten und Tippen ist – wie jedermann weiß – die, daß es so entsetzlich viele falsche Möglichkeiten gibt. Man sitzt etwa vor dem leeren Lottozettel und soll nun ahnen, wie am nächsten Sonnabend die Bälle rollen. Das hat nahezu unüberwindliche Schwierigkeiten. Natürlich kann man nach den verschiedensten Methoden arbeiten: manche horchen auf die innere Stimme, die Erleuchtung bringt, manche schließen die Augen und zielen blind mit dem Bleistift; manche lassen das pausbäckige Baby der Cousine die Glücksgöttin spielen oder lassen den Papagei würfeln; manche richten sich nach dem optischen Bild: hier in der Gegend ist noch kein Kreuz – und erfahrungsgemäß liegen immer zwei nah beieinander. Wenn man bloß wüßte welche! Die zuverlässigste Methode ist noch immer die, stets die gleichen Zahlen zu nehmen. Nach dem mathematisch zu errechnenden Gesetz der Wahrscheinlichkeit gewinnt man in diesem Fall einmal innerhalb von 17345 Jahren, was einem immerhin einige Zuversicht einzuflößen vermag. Nach glaubhaften Aussagen vieler Zeugen kommen ganz offensichtlich diese Gewohnheitszahlen immer dann heraus, wenn man es aufgegeben hat, auf sie zu setzen, oder wenn Frau, Neffe oder Kollegin vergessen haben, den ausgefüllten Zettel abzugeben oder das Los zu erneuern. Überhaupt muß man sich beim Reichwerden durch Glück vor anderen Leuten hüten; sie sind unzuverlässig, versuchen einen übers Ohr zu hauen, folgen falschen Eingebungen (indem sie etwa den Zahlen von Klein Olivers Geburtsdatum magische Kraft zutrauen, was natürlich Unsinn ist, wo doch jedermann weiß, daß es viel sicherer ist, wenn man Klein Birgit würfeln läßt), und sie erweisen sich vor allem als höchst lästig, wenn man wirklich das Große Los zieht und mit ihnen teilen muß. Die Totogemeinschaft zum Beispiel ist ein verschworener Verein Gleichstrebender – aber wie hübsch wäre es, wenn man die 23 500 Mark nicht durch sechs teilen müßte!

Eine wichtige Aufgabe für den zukünftigen Gewinner eines Treffers ist die Planung, was man mit dem Segen anfangen wird. Natürlich wird man weiterhin mit seinen Freunden verkehren, seiner Arbeit nachgehen, nicht verrückt spielen und immer den schönen Satz vor Augen haben, daß Geld nicht glücklich macht. Außerdem soll es natürlich ein Haus sein – nicht gerade ein Palast, aber doch eins mit Schwimmbad –, und den immer gehegten Wunsch nach einem Breitschwanzmantel wird man sich auch als einzigen echten Luxus erfüllen, außer der Safari natürlich, zu der man die vier allerbesten Freunde einladen wird, und dem sportlichen Zweisitzer, den man sich nie leisten konnte. Natürlich soll auch Gutes getan werden: Omas Dach, das ihr soviel Sorgen macht, kriegt sie neu gedeckt, das Waisenhaus kriegt eine Stiftung von „einmal im Jahr Erdbeeren satt", und mindestens drei Werke aufstrebender junger Künstler werden angekauft. Wenn man etwa so weit in der Planung gekommen ist, stößt man auf die Tatsache, daß es nur ganz wenige Gewinne gibt, die nicht schon an diesem Punkt weit überzogen wären. Und wenn man nicht gerade arm wie eine Kirchenmaus ist, bedarf es entsetzlich vielen Geldes, um das Leben wirklich zu ändern. Zigtausend Mark sind zwar sehr hübsch zu kassieren, aber ein Leben in Samt und Seide mit goldenen Tellern ermöglichen sie nicht. Es sei denn, ein einschlägiger Kopf, dem es bisher nur am Anfangsbetriebskapital gefehlt hat, eröffnet damit eine Lakritzbonbonfabrik, eine Blockhaussiedlung, wo leidende Manager für teures Geld rohe Mohrrüben knabbern müssen, oder eine Hundepension mit psychoanalytischer Behandlung von Herr und Hund. Aber das gehört schon wieder in die Sparte der zweiten Methode zum Reichwerden.

Alles faule Ausreden!

Also, wenn es auch nicht sein soll, es kann wirklich geschehen, daß man am nicht mehr ganz frühen Morgen erwacht und mit eisigem Schrecken feststellt: Es ist wesentlich später, als es eigentlich sein dürfte! Dieser bedauerliche Umstand kann die verschiedensten Gründe haben. Die Uhr ging falsch oder blieb stehen, man hat den Wecker überhört (oder vergessen, ihn aufzuziehen), die Mutter – oder wer auch immer für das allmorgendliche pünktliche Aufstehen verantwortlich ist – hat verschlafen. Kein Mensch kann behaupten, daß es sich hier nicht um plausible, leicht einzusehende Gründe für ein etwaiges Verspäten handelt, zudem noch um Gründe, die wenigstens bis zu einem gewissen Grad ein schuldhaftes Verhalten des Verspäteten ausschließen. Noch nicht einmal das Vergessen des Weckeraufziehens unterlief ihm schließlich willentlich. Also müßten diese Tatbestände zur Entschuldigung eigentlich vollauf genügen. Aber leider erfährt schon das Grundschulkind, daß zwar wahrhaftige, aber nicht besonders originelle Exkulpationen wie: „Unser Wecker ging falsch" oder „Meine Mutter hat verschlafen!" viele Lehrpersonen nicht zufriedenstellen; daß es also notwendig ist, etwas zu erfinden. Je ausgefallener, desto besser! Ich erinnere mich an einen sensationellen Erfolg bei einer besonders strengen Dame, an der man mit verspäteten Omnibussen, väterlichen Autopannen und leidenden

Müttern glatt scheiterte. Die Behauptung nämlich, ein vorüberfahrender Sprengwagen habe mich total durchnäßt, so daß ich mich umkleiden mußte, schluckte sie anstandslos, genauso wie sie auch die sehr gewagte Behauptung meiner Freundin gelten ließ, ein kleiner Bruder habe die Hausaufgaben als „Schwalbe“ in die Luft gesandt.

So lernt man, wie es in einem oft zitierten Spruch heißt, in der Schule fürs Leben, denn auch später hat man Entschuldigungen parat zu halten, und auch hier ist es häufig notwendig, sich etwas Besseres als Kopfschmerzen und ähnliche Banalitäten einfallen zu lassen – man muß ja nicht gleich übertreiben, wie vor Jahren ein ganz junger Kollege, der uns verkündete, er käme erst gegen Mittag, da er soeben einen Nervenzusammenbruch erlitten habe. Manche Leute nützen auch ihre unschuldigen Kinder schamlos aus, die sie je nach Bedarf bei Verspätungen, Absagen und unhöflich frühem Heimgang an allen möglichen Leiden erkranken lassen. Weniger skrupellose Menschen müssen sich etwas anderes ausdenken. Der Phantasie sind dabei keine Grenzen gesetzt. Auf dem Gesundheitssektor gibt es außer den zu simplen Kopfschmerzen und den langwierigen Krankheiten viele Möglichkeiten, die man erfahrungsgemäß bedauerlicherweise am Urlaubsende oder vor unangenehmen Aufgaben oder unerwünschten Einladungen bekommen kann. Sehr plausibel klingen Vater- und Mutterpflichten von jeder Art – aber auch hier in möglichst ausgefallener Form; alte, liebe, hinfällige Verwandte leuchten auch jedem ein, und die Wohnung mit allem, was darin kaputtgehen kann oder von Handwerkern gerichtet werden muß, nebst dem Auto mit seinen sämtlichen Tükken. All dies bietet nahezu unerschöpfliche Entschuldigungsgründe für ein Vergessen, Verspäten oder Fernbleiben.

Man muß sich nur merken, was man bei wem verbraucht hat. Zum zweitenmal aufgetischt wäre die Sprengwagengeschichte weniger wirkungsvoll gewesen als eine zweimal nachgehende Uhr. Und so kann man auch nicht gut beliebig oft an Windpocken erkranken und mit Kupplungsschaden liegenbleiben. Kopfschmerzen dagegen, nicht funktionierende Wecker und zuviel zu tun kann man immer haben, weswegen es ungerecht ist, daß gerade diese Entschuldigungen so wenig gelten und oft schon aus reiner Nettigkeit durch bessere ersetzt werden müssen.

Wenn man sich durch andere entschuldigen läßt, sollte auch nicht vergessen werden, untereinander abzusprechen, was gesagt worden ist. Ich erinnere mich an einen freundlichen Menschen, der mich plötzlich mit der teilnehmenden Frage konfrontierte: „Wieder alles in Ordnung bei ihnen daheim?" und auf meine etwas vage Zustimmung nachfragte: „War's denn schlimm?" Bis heute habe ich keine Ahnung, ob es um die Kinder, das Haus, den Hund oder mich selbst ging, und da der Erfinder dieser Ausrede es auch nicht mehr weiß, werde auch ich es nie erfahren.

„Ich störe doch hoffentlich nicht?“

Als ich gerade aus der Schule gekommen und gesellschaftlich noch total unerfahren war, geschah es mir zu meiner atemberaubenden Freude, daß eine hinreißend schöne und elegante Dame, die ich seit langem angehimmelt hatte, mir am Ende eines kleinen Gesprächs huldvoll sagte: „Wenn Sie mal Zeit haben, kommen Sie doch mal vorbei!“ Schon durch die Annahme geehrt, ich hätte vielleicht Wichtigeres zu tun, als dieser verlockenden Einladung Folge zu leisten, machte ich mich hell begeistert bald darauf auf den Weg. Die Dame war so sichtlich mehr als nur milde erstaunt, als ich erwartungsvoll an ihrer Tür stand – es paßte ihr offenbar ganz und gar nicht. Vor Verlegenheit wäre ich am allerliebsten ganz schnell verschwunden oder am besten gleich gestorben. So habe ich schmerzlich gelernt, daß eine Einladung mit dem Zeitpunkt „mal“ einfach nicht gilt – es sei denn bei ganz guten Freunden. Deshalb kann man sich ziemlich sicher darauf verlassen, daß die so vage Gebetenen mit neunzigprozentiger Wahrscheinlichkeit nie ins Haus fallen.

Auch auf die fürsorgliche Frage, wie es denn gehe, erwartet man eigentlich nur eine ausführliche Antwort, wenn der oder die Befragte im Krankenhaus liegt, just von einem schweren Leiden genesen ist oder zu den guten Freunden zählt, die man selten sieht und von denen man wirklich einen genauen Bericht über die letzten Monate oder gar Jahre erwartet. In allen anderen Fällen wäre man schon sehr erstaunt, etwas über eine leichte Magenverstimmung, einen abklingenden Schnupfen und die erfolglose Behandlung eines Bandscheibenschadens oder über den Ärger mit dem Vermieter und der Steuer zu hören. Man erwartet lediglich ein „Gut“ oder „Leidlich“ oder „Zeitgemäß“ verbunden mit der Rückfrage „Und Ihnen?“, wobei man die angenehme Gewißheit hat, daß unser Befinden dem Fragenden genauso gleichgültig ist wie das seine uns. Eine Variante dieser Frage, die vor allem Männer gern an Frauen stellen, ist die nach dem Befinden der Kinder. Dabei haben sie unter Umständen weder unsere Kinder je im Leben zu Gesicht bekommen noch interessieren die sie im geringsten, aber sie denken in freundlicher Herablassung, dies wäre wohl ein Thema, dem eine Frau sicherlich gewachsen sei. Wenn man auf diese gütige Art an einem Abend dreimal nach seinen Kindern gefragt wird – unter Umständen auch noch von einer Vorkämpferin für die Frauenemanzipation –, dann möchte man am liebsten antworten, man hätte sie allesamt soeben verlassen oder an einen Ölscheich verkauft oder man hätte gar keine. Übrigens lernen auch Kinder sehr schnell, daß die Frage: „Wie geht's denn in der Schule?“ von relativ Fremden eine reine Höflichkeitsfloskel ist. Die haben dann auch keineswegs die Geduld, sich einen ausführlichen Bericht darüber anzuhören, daß man im Zeichnen beinahe der Beste, im Lesen „so mittel“ und in Musik ausreichend sei.

Die Erkundigung: „Ich störe doch hoffentlich nicht?“ wird immer dann angestellt, wenn jemand das zumeist richtige Gefühl hat, wirklich zu stören. Leider aber sagt man nur zu ganz nahestehenden Menschen, vor allem Brüdern und Schwestern im jugendlichen Alter: „Jawohl, du störst, also raus!“ Im allgemeinen versichert man voller

Höflichkeit, daß z.B. der Eindringling in eine Runde das Gespräch keineswegs platzen läßt, daß das Telefon einen beileibe nicht aus dem Mittagsschlaf aufgeschreckt hat oder daß man sowieso gerade das Fernsehen abdrehen wollte, kurzum: daß man wirklich nicht gestört ist. Und dies ist bedauerlicherweise auch nur als Redensart zu verstehen. Ebenso wie die Versicherung: „Das macht doch nichts!" Man sollte sich auf sie nie verlassen. Natürlich macht es etwas aus, wenn 90 Kilogramm Lebendgewicht vorübergehend auf unserem Abendschuh gestanden haben, wenn ein Besuchskind seine Schokoladenfinger an unserem neubezogenen Sofa abgewischt hat oder wenn der Kaffeedeckel von Großmutters Service herunterfällt.

Übrigens wären auch alle die, die einen Politiker fragen: „Was macht die Politik?" oder einen Künstler: „Was macht die Kunst?" ziemlich verblüfft, wenn einer von beiden zu einer ausführlichen Antwort auf diese sehr komplexen Fragen ansetzen würde.

Von Schwarzsehern umgeben...

Neulich geschah uns wieder einmal das sich nahezu jedes Jahr wiederholende Unglück: Unser Papagei erhob sich in die Lüfte und nahm auf einem himmelhohen Baum in der Nachbarschaft Platz. In einem solchen Fall bleibt einem nicht viel anderes übrig, als zu rufen, mit der Käfigtür zu klappern, Apfelsinen zu schwenken und mit genüßlichen Lauten ein Leberwurstbrot zu verzehren, von dem man weiß, daß er dies allen anderen Speisen vorzieht. Natürlich ist dies für die Nachbarschaft ein interessanter Vorgang. Man bekommt gute Ratschläge, einen Wellensittich nebst Käfig als (leider unbeachteten) Lockvogel und einen richtigen Feldstecher. Immer aber kommen auch Menschen, die, nachdem sie die Szene studiert haben, nicht umhin können zu äußern: „Den kriegen Sie nie wieder!" Nun sind zwar die Zeiten, in denen mindestens eines unserer Kinder daraufhin in Tränen ausbrach, inzwischen vorbei, aber ärgern tut's einen noch immer, zumal man ja wirklich nicht weiß... Aber diesen Leuten verschafft es offensichtlich eine ungeheure Befriedigung, Unkenrufe auszustoßen.

Die gleichen Leute können einem auch so richtig Mut machen, wenn man völlig entsetzt feststellen muß, daß man ein Paket in der U-Bahn oder ein Paar funkelnagelneue Handschuhe in der Telefonzelle hat liegenlassen. Sie erklären einem sofort, wie schlecht die Menschheit heutzutage im allgemeinen und in U-Bahnen und Telefonzellen im besonderen ist, und können dies durch überzeugende Beispiele belegen. Und sollte einmal ihr Gepäck nicht gleichzeitig mit Ihnen auf irgendeinem Flughafen oder in irgendeinem Hotel ankommen, so können Sie sich heilig darauf verlassen, daß Sie auf jemanden stoßen, der Ihnen versichert, daß Sie erstens Ihre schönen Sachen nie wiedersehen und zweitens nur einen Bruchteil des Wertes ersetzt bekommen, daß aber, wenn Sie doch alles wiederbekommen, dies erst nach Wochen geschieht, da solches Gepäck erfahrungsgemäß statt nach Düsseldorf nach Anchorage oder Nairobi reist, und die Brüder dort kennt man ja!

Beredtes Entsetzen prägt sich auch unübersehbar auf den Zügen der Mitmenschen aus, wenn wir uns ohnehin schon große Sorgen machen: Der Arzt verlangt eine gründliche Untersuchung, ein uns nahestehender Autofahrer ist bereits seit drei Stunden überfällig, oder das Dach des Hauses hat beim letzten Unwetter Regen durchgelassen – kurzum, eigentlich könnte man ein wenig Trost gebrauchen. Statt dessen erfährt man im düstersten Unkenton, dies hätte gewiß etwas zu bedeuten! Aber es kann auch ganz deutlich kommen. Als vor nunmehr neunzig Jahren meine älteste Tante das Licht der Welt erblickte, äußerte die Hebamme dem jungen Vater gegenüber: „Die kriegen Sie nicht groß!"

Doch auch bei weniger wichtigen und beängstigenden Anlässen sind die ewigen Schwarzseher nicht unbedingt angebracht. Was hilft es einem, von einem Mitreisenden zu erfahren, daß man den Anschlußzug wahrscheinlich verpaßt und daß es am Urlaubsort immer regnet? Wozu nützt es zu hören, daß man mit der neu angeschafften Katze nur Ärger haben wird und daß der im Sonderangebot erstandene Braten mit Sicherheit zäh sein wird, daß die Äpfel vom kleinen neuen Apfelbaum erfahrungsgemäß vorzeitig abfallen und der Stoff des wunderschönen neuen Kleides sich schlecht tragen wird? Manche Unheilverkünder neigen übrigens auch dazu, sich nicht klar auszudrücken, sondern nur mit verdüsterter Miene den Kopf zu schütteln. Dies ist besonders deprimierend, ob dies nun der Zahnarzt tut, der Mann, der das Mofa reparieren soll, der Heizungsmonteur oder der Lehrer, der nach der Chance gefragt wird, keinen blauen Brief zu bekommen. Und das düstere Kopfschütteln mancher lieben Gäste anläßlich einer Hochzeit hat schon seit eh und je für bittere Tropfen in den Freudenkelchen gesorgt.

Abschließend möchte ich übrigens mitteilen, daß unser Papagei seit Tagen heimgekehrt ist und ein trockenes Heim wohl zu schätzen weiß. Und daß die Tante demnächst neunzig wird, sagte ich ja schon.

Das junge Glück ist nicht zu übersehen

Zu den Anstandsbegriffen einer meiner Tanten gehörte die unumstößliche Regel, daß es höchst unschicklich sei, sich in der Öffentlichkeit zu küssen. Die einzige – wenn auch unter Bedenken – allenfalls noch gestattete öffentliche Küsserei war die auf dem Bahnhof, weil es sich ja dort unter Umständen um einen Abschied für Monate oder Jahre handeln konnte. Ach, was würde diese Tante wohl für Augen machen, sähe sie heute die jungen Paare, wie die auf dem Bürgersteig, in der U-Bahn, vor der Universität, ja sogar auf dem Schulhof als lebende Denkmäler leidenschaftlichster Zuneigung herumstehen und Küsse von einer Dauer tauschen, von der die gute Tante wohl nur geträumt hat. Zu der Eigenart dieser Paare gehört es, daß sie sich ständig – wie es heute so schön heißt – in Körperkontakt befinden, sie küssen und streicheln sich, schmusen herum und kuscheln sich als verliebtes Knäuel in der Sofaecke aneinander. Das ist unter Umständen recht störend für jede Geselligkeit, da viele Leute sich scheuen, jemanden in die Unterhaltung einzubeziehen, der gerade zärtlich am Ohr seiner Partnerin nagt. Und schließlich gibt es unter jung und alt immer noch Menschen, die angesichts solch massierter Zärtlichkeit geniert in eine andere Richtung schauen. Wer übrigens neugierig und ungeniert genauer hinsieht, wird hin und wieder feststellen, daß sich die eine Hälfte des Paares auch nicht so ganz behaglich fühlt: Es ist eben doch etwas anderes – seiner überströmenden jungen Liebe angesichts wildfremder Leute Ausdruck zu verleihen, als dies im Kreise von Bekannten und Verwandten zu tun, von denen zum mindesten einige über ein höchst spöttisches Mundwerk verfügen. Dies ist sicher auch der Grund, der andere Paare so miteinander umgehen läßt, als hätten sie sich soeben erst und nur flüchtig kennengelernt. Die setzen sich noch nicht einmal nebeneinander, und wenn ein wohlmeinender Geist sie etwa zu zweit in den Keller schickt, um sie gemeinsam einen Kasten Bier oder eine Kiste Wein herauftragen zu lassen, verhalten sie sich so, als habe man soeben gewerbsmäßige Kuppelei an ihnen praktiziert. (Wobei gerechterweise nicht verschwiegen werden sollte, daß viele wohlmeinende Geister eine wahre Leidenschaft für ungewerbsmäßige Kuppelei hegen und ständig junge Pärchen oder solche, die es nach ihrer Ansicht werden sollten, in abgelegene Räumlichkeiten schicken.) Andere Pärchen dokumentieren Zusammengehörigkeit durch Ruppigkeit, etwa nach dem Motto „Na, Alte, heb mal deine Käselatschen!", und wieder andere erkundigen sich ihrer blühenden Jugend zum Trotz ständig nach dem Zustand von Bandscheibe, Kreislauf, Magen und Wetterfühligkeit sowie nach dem Grade der augenblicklichen Erschöpfung von Körper und Seele des zur Zeit geliebten Menschen. Wenig sensible Geschwister soll es schon zum Losprusten bringen, wenn ihr großer Bruder gefragt wird, ob die gestrige Party mit all ihrem seichten Gerede bei ihm eine Depression ausgelöst habe. Wobei die Geschwister doch aus Erfahrung wissen, daß er schon immer unausstehlich war, wenn er nicht genug Schlaf gekriegt hatte. Und auch dies findet man oft bei jungen Paaren: Noch weitab von der Einsicht, daß man den Menschen nur geringfügig ändern kann, versucht einer dem andern etwas an- oder abzugewöhnen.

Eine oder keine Krawatte zu tragen beispielsweise oder die Frisur zu ändern, statt Jeans weite Röcke anzuschaffen, ins Theater und Museum zu gehen, Fußball kennen und lieben zu lernen, Tischmanieren zu kultivieren, älteren Damen die Hand zu küssen oder dies ab sofort, weil reaktionär, zu lassen, gute Bücher zu lesen und klassische Platten zu hören und die Probleme der Randgruppen nicht länger in leichtfertiger Weise zu ignorieren. Für die Leute, die in pädagogischer Absicht vieles davon auch schon seit Jahren vergeblich gepredigt haben, ist es erstaunlich, wie folgsam nunmehr ins Konzert gegangen und Thomas Mann gelesen wird – von Veredelungen in Gestalt eines Kleides einerseits oder eines Hemdes unter dem langgedienten Lieblingspullover andererseits ganz zu schweigen.

Aber nicht jede junge Liebe dauert ewig, und mit dem nächsten Partner sieht dann alles ganz anders aus. Leider muß auch gesagt werden, daß in einem solchen Fall Thomas Mann oft unausgelesen in die Ecke fliegt und auch die Randgruppen sich wieder allein weiterhelfen müssen.

Und dabei war es doch nur gut gemeint!

Es gibt so richtig gute Menschen, die ohne Rücksicht auf ihre eigene Bequemlichkeit überall dort helfend eingreifen, wo sie es für notwendig halten. Es ist nur leider manchmal so, daß sie es auch dort für notwendig halten, wo dies eigentlich eher als bedrückend oder belastend empfunden wird. Da kann es etwa einer Frau, die nach einem anstrengenden Tag nichts weiter wünscht, als in Ruhe gelassen zu werden, passieren, daß sie plötzlich in Decken gehüllt, auf ein Sofa gebettet und mit Tabletten versorgt wird, während sie aus den anliegenden Gemächern hört, wie man ihre Familie auf die Suche nach Kamillentee und nach einer Wärmflasche scheucht. Es ist alles so schrecklich gut gemeint, kann einen aber bis zu Tränen reizen. Dies löst dann unweigerlich einen neuen Ansporn zu weiteren ungefragten Hilfeleistungen aus. Erwartet eine Frau ein Baby, kann diese Art von Helfenwollen zu einer der echten Schwangerschaftsplagen werden: Auf die nervenaufreibendste Art wird sie zu bequemen Sesseln geleitet, werden ihr Tabletts und Einkaufsnetze aus den Händen gerissen, und das Rücken eines Stuhles wird ihr mit einem vorwurfsvollen Aufschrei untersagt. Und wenn sich dann noch ein lieber Mensch einstellt und helfend im Haushalt herumfuhrwerkt – nicht ohne Reformen vorzuschlagen – und ihr stündlich sagt, wie mitgenommen sie aussähe, dann kann sie fast ihre Großmütter verstehen, die einen

„interessanten" Zustand so lange wie möglich geheimhielten. Doch auch bei Krankheiten greifen die richtig guten Menschen ein: Ehe man's sich versieht, wird einem ein Termin bei dem Arzt in Heidelberg oder Essen besorgt, der einer Bekannten in einem ähnlichen Fall so gut geholfen hat, bekommt man einen Inhalationsapparat ins Haus geschickt oder einen Kniewärmer aus Angorawolle.

Ins Haus geschickt werden kann einem so allerlei von den hilfreichen Leuten. Ich bekam sogar einmal eine wunderschöne Ladung Pferdemist direkt vom Erzeuger, weil ich unvorsichtigerweise geäußert habe, dies wäre wohl das beste für die Rosen – aber schwer erhältlich. Man muß sich überhaupt in Gegenwart solcher Leute, die immer das Beste ihrer Umwelt im Auge haben, in acht nehmen. Alles mögliche, was man so daherredet, löst unter Umständen eine Hilfsaktion aus. Eine Gymnastiklehrerin meldet sich, die Zeit hat, ein Dekorateur will unser (allerdings etwas schadhaft gewordenes) Sofa neu beziehen, und eine fröhliche Stimme erklärt am Telefon, sie hätte gehört, man wolle auch gern Aquarellmalen lernen. Einem Spirituosenvertreter, dem man offensichtlich weisgemacht hatte, wir hätten ein ganz dringendes Bedürfnis nach größeren Mengen seiner Produkte (wir hatten sie anscheinend zu begeistert gelobt), war sehr schwer klarzumachen, daß dies durchaus nicht der Fall war. Und der Halbwüchsige, der kam, um unseren Hund zu dressieren, mußte enttäuscht über die ausbleibende Nebeneinnahme wieder abziehen.

Dies alles ist noch vergleichsweise harmlos. Wenn aber die hilfreichen Menschen in unser Schicksal eingreifen wollen, indem sie etwa einflußreiche Bekannte für uns mobilisieren, kann dies verheerende Folgen haben. Wenn die liebe gute Tante etwa auf ihren Tischherrn einredet, er möge doch ja die Bewerbung ihres Neffen unterstützen, da der Ärmste bisher im Berufsleben vom Unglück verfolgt gewesen sei, so kann dies eigentlich nur böse enden; genau wie der Hinweis, daß der Mann der besten Freundin eigentlich mehr verdienen müsse, da die Ärmste seit drei Jahren den gleichen Wintermantel trüge. Aber selbst bei diplomatischerem Einsatz kann allein die Tatsache, daß eine Tante beziehungsweise ein Onkel der Frau oder Freunde der Eltern in Aktion treten, der Sache nicht dienlich sein. Wer glaubt schon, daß man Tante, Onkel oder Freundin nicht selbst dazu animiert hat!?

Zu ganz großer Form mit den Folgen eines Kahlschlags aber können die guten und lieben Menschen auflaufen, wenn sie anfangen, Schicksal zu spielen. Ob sie in den Kampf ziehen, um eine Ehe zu retten („Ich spreche mal mit Ihrem Mann ein ernstes Wort...") oder zu stiften, ob sie die Zukunft junger Leute oder das Testament des Großvaters regeln, fast immer ist der gute Wille schöner als das Resultat. Hüten wir uns also!

Zu Besuch daheim

Jahrelang hat man hier gelebt. Unzählige Male hat man die Adresse als Absender hinten auf die Post geschrieben. Der Bus, der in der Nähe der Wohnung hält, war „unser Bus", und die Gartenpforte klemmte bei Regenwetter und mußte ein wenig angehoben werden (durfte aber beileibe nicht offenstehen!). Und dann kommt man eines Tages als „Besuch" in die elterliche Wohnung. Wenn es auch vielleicht diese oder jene Neuanschaffung gibt, wenn auch vielleicht das Wohnzimmer im Schmuck einer anderen Tapete prangt oder die Flurgarderobe mit einer Chintz-Schabracke geziert ist – im Grunde genommen ist doch alles beim alten geblieben: Immer noch kommt das etwas schäbige Messer auf den Platz des Vaters, weil es angeblich das einzige im Haus ist, das schneidet; der blaue Milchtopf mit dem Sprung ist immer noch in Gebrauch; und mit Rührung stellt man fest, daß allerlei einst Gebasteltes, das nur durch die Augen der Liebe gesehen Spuren von Schönheit aufweist, speziell in Küche, Schlafzimmer und Bad immer noch verwendet wird. Die einzige wirkliche Reform in unseren Augen ist die Anschaffung einer Geschirrspülmaschine. Wie oft hat man doch voll mehr oder weniger unverhohlener Unlust gespült oder abgetrocknet, jahraus, jahrein. Und immer hat man gerade diese Tätigkeit (andere wurden kaum von uns verlangt) als den Gipfel aller häuslichen Plackerei empfunden.

Ganz schnell – es sei denn, man befindet sich noch im Stadium jugendlicher Aufmüpfigkeit – unterwirft man sich wieder den Regeln des elterlichen Haushalts. Man darf beispielsweise – und tut es mit Genuß – im Morgenrock oder Bademantel frühstücken, aber nicht tagsüber in Pantoffeln herumlaufen. In der Küche wird nicht geraucht, und zum Essen wird selbst an heißesten Sommertagen ein Kleid oder Hemd über Badeanzug oder Bikini getragen. Um keinen Preis der Welt darf das rechte Wohnzimmerfenster geöffnet werden, weil sonst die Kamelie Zug bekommt. Natürlich ist das Biedermeiersofa für nicht mehr ganz einwandfreie Jeans tabu. Und zur alltäglichen Benutzung sind die Gläser unten im Schrank bestimmt.

Dies alles ist einem so in Fleisch und Blut übergegangen, daß man über Sinn oder Unsinn nicht einmal nachdenkt. So kommt man unter Umständen in Schwierigkeiten, wenn man nicht allein im Elternhaus einkehrt, sondern in Begleitung. Wie soll man etwa einem fortschrittlichen jungen Mann klarmachen, warum denn eigentlich die Gartenpforte unbedingt geschlossen sein soll. Es ist auch nicht ganz einfach zu begründen, wieso man zwar im Bademantel, aber nicht unrasiert in Erscheinung treten darf. Glücklich zu preisen sind alle die Söhne und Töchter, die mit Leuten heimkehren, die mit Humor oder Phlegma, mit Nettigkeit oder auch mit ähnlich gearteten Eltern gesegnet sind! Sonst kann es zu unangenehmen Auseinandersetzungen etwa darüber kommen, wieso ein mündiger Mensch nicht in der Küche rauchen und im Bikini essen darf und wozu es auf der Welt Gläser gibt, die nicht ständig gebraucht werden sollen. Ganz zu schweigen von der Frage, ob die Menschheit für die Möbel oder die Möbel für die Menschheit da sind. Unter Umständen wird man plötzlich peinlicherweise gewahr, daß man seine Begleitung seit einigen Stunden gewissermaßen mit den Augen der Eltern betrachtet, was ein anderes Bild ergibt als der eigene verklärte Blick. Auch seine Sprößlinge sieht man plötzlich kritischer als sonst wohl – allein schon die vorwitzige Art, wie sie Omas antike Spieluhr einfach aus dem Schrank langen, die man selbst nur bei besonderen Anlässen in die Hand bekam! Mußte es wirklich sein, daß sie vom Sessel auf das gelbweiße Sofa sprangen? Und wenn es einem auch zu Hause völlig gleichgültig ist, ob sie ihren Teller leer essen – hier im Elternhaus sähe man es doch ganz gern.

Es ist nicht ganz leicht zu erklären, wieso ein Besuch bei den Eltern trotz alledem urgemütlich sein kann, sofern man nicht die undankbare Rolle eines Prellbocks zu spielen hat. Vielleicht liegt es daran, daß wir hier immer ein bißchen zu Hause bleiben werden. Und daran, daß wir hier nun einmal wirklich niemand etwas vormachen können und daß man es gut mit uns meint. Auch wenn es nicht gern gesehen wird, daß ein Mantel nicht auf den Bügel gehängt wird.

Wenn mich mal die Wut packt...!

Zu den Benachteiligungen der Frauen gehört auch diese: Ihre Stimmen klingen oft schrill, wenn sie in Zorn geraten und etwas heftiger argumentieren. Ihnen ist kein eindrucksvolles sonores Gebrüll gegeben, das an die Majestät eines Löwen denken läßt. Deswegen ist eines der wichtigsten „Argumente" der Männer im Streit mit uns immer wieder (wenn ihnen sonst nichts mehr einfällt): „Schrei doch nicht so hysterisch!" Gegen „hysterisch" als Bezeichnung für eine echte und gesunde Wut sind wir übrigens ausgesprochen allergisch. Wir empfinden das als genauso infam, wie es die Männer finden, wenn wir bei ähnlicher Gelegenheit im Krankenschwesterton milde zu ihnen sagen: „Du hast aber wirklich Urlaub nötig, Liebling!"

Wutanfälle sind ganz gewiß Temperamentssache und treten schon in frühester Jugend auf. Ich erinnere mich da an einen noch nicht Zweijährigen, der in wildem Zorn einen Elefanten – mittelgroß und hölzern – nach mir warf, und an ein kleines Mädchen im Kinderstühlchen, das Tasse, Teller und Blumenvase vom Tisch fegte, weil seine Puppe auf dem Tisch nicht stehen blieb. In einem meiner Jugendbücher sprach die geprüfte Mutter nach einem ähnlichen Vorgang: „Bruno hat den schrecklichen Jähzorn seines Ahnherrn geerbt!" Ganz klar, daß die Sache mit Bruno schieflaufen mußte.

Im allgemeinen aber sehen wir es als nicht so tragisch an,

wenn etwa das „Mensch ärgere dich nicht"-Spiel auf den Boden geworfen und mit den Füßen getrampelt wird, wenn jemand wie ein wütendes Ziegenböckchen auf den großen Bruder losgeht oder gar nach der guten Tante tritt, die eine Eisenbahn aus lauter Knöpfen nicht als solche erkannt, sondern weggeräumt hat.

Daß mit zunehmendem Alter die Wutanfälle zwar seltener werden, aber nie ganz entfallen, davon zeugte bei uns lange ein Sahnefleck an der Eßzimmertapete: Hier hatte eine angehende junge Dame das Sahnekännchen nach ihrem noch nicht ganz den Flegeljahren entwachsenen Bruder geworfen.

So ein richtiger Wutanfall reinigt in vielen Fällen die Luft und verhindert das Magenleiden, das man vom ständigen Hinunterschlucken bekommt. Es kann eine Wohltat sein, mit der Faust auf den Tisch zu schlagen oder die Sachen, die immer wieder herumfliegen, dem verblüfften Besitzer an den Kopf zu werfen. (Vorausgesetzt, es handelt sich um Textilien und anderes weiches Material, denn Leute, die in wenn auch berechtigtem Zorn mit Bügeleisen oder dergleichen werfen, landen vor dem Kadi.) Nach neuesten Erkenntnissen hindert man übrigens junge Menschen, die nach befreiendem Türenknallen noch einmal, wie es uns früher geschah, zurückgerufen werden, um die Tür ein zweitesmal leise zu schließen, aufs schwerste an der Entfaltung ihrer Persönlichkeit. Es vermindert auch kolossal die Wirkung, wenn der erwachsene Türenknaller gezwungen ist, zurückzukommen, weil er etwas vergessen hat.

Der Anlaß zu einem richtigen Wutanfall kann von ganz verschiedener Gewichtigkeit sein und steht oft in gar keinem Verhältnis zur Schwere des Ausbruchs. Manchmal handelt es sich lediglich um den Tropfen, der das Faß zum Überlaufen bringt, und manchmal liegt der Grund auch gar nicht bei dem, auf den sich schließlich die Schale des Zorns ergießt. (Ich beispielsweise kann nur jedem dringend abraten, in meine Nähe zu kommen, wenn mein Rasenmäher wieder einmal nicht funktioniert.) Daß Ärger, der im Betrieb aus diesen oder jenen Gründen hinuntergeschluckt werden mußte, daheim bei der geringsten Gelegenheit zu Explosionen führen kann, hat schon manche Familie leidvoll erfahren müssen. Oft wehrt sie sich, indem sie hinter dem Rücken des oder der Wütenden einander angrinst, wobei darauf zu achten ist, daß nirgendwo ein verrätischer Spiegel hängt.

Überhaupt ist auch bei gewaltigen Zornausbrüchen der Schritt vom Erhabenen zum Lächerlichen sehr klein. Ich erinnere mich beispielsweise an den imponierenden Wutanfall eines Onkels, der zum soundsovielten Male beanstandete, daß die Öffnung, durch die man damals die Kohlen von außen in den Keller schüttete, nicht abgedeckt war. Da er aber bis zu den Hüften in eben dieser Öffnung drinsteckte, verlor sein Zorn sehr an erhabener Wirkung.

Für mich ist das wohl nicht nötig!

Kinder, die ein sonniges Gemüt besitzen und bis dahin vom Leben freundlich angefaßt wurden, haben oft noch jenes ungebrochene Selbstbewußtsein, das sie im ungeeigneten Augenblick strahlend zur Tür hereinführt mit den Worten: „Da freut ihr euch aber, daß ich gekommen bin!" Hat der Mensch Glück, behält er ein wenig davon bis in sein hohes Alter und glaubt, daß ihm die Umwelt im allgemeinen einigermaßen wohlgesonnen ist, wenn er ihr keinen Grund zu Ärgernissen gibt. Ist er aber mit einer weniger glücklichen Natur begabt, so erwartet er ständig Übelwollen, Kränkung und Geringschätzung von seinen Mitmenschen. Und dies wiederum ist ausgesprochenes Pech für die Umwelt, denn es ist sehr lästig, mit einem ständig beleidigten Menschen zu leben, der gewissermaßen auf der Lauer nach Kränkung liegt.

Ein besonderer Dollpunkt ist offenbar das Grüßen: ob man zuerst gegrüßt wird oder zuletzt, ob der andere nur „hochmütig" mit dem Kopf nickt oder stehenbleibt, ob er lediglich „Guten Tag!" sagt oder den Namen hinzufügt oder ob er einen gar übersieht (was an der Brille in der Handtasche liegen kann) – dies alles wird zum Gegenstand tiefsinniger Betrachtungen und zum Anlaß schwerer Kränkungen, von denen der Verursacher nicht die geringste Ahnung hat, ja, vielleicht noch nicht einmal merkt, wenn der so schwer Gekränkte seinen eisernen Entschluß, nun auch nicht mehr zuerst zu grüßen, konsequent durchführt.

Es ist schwer, es dem ständig Beleidigten recht zu machen. Beendet man bei seinem Eintritt ins Zimmer ein Telefongespräch, wird er einem mitteilen, er habe ohnehin nicht die Angewohnheit zu lauschen; telefoniert man weiter, leidet er unter der Nichtachtung. Deckt man bei seinem Besuch festlich den Tisch, bezichtigt er einen der taktlosen Protzerei; nimmt man das alltägliche Geschirr, meint er, bei ihm habe man es wohl nicht nötig. Lädt man ihn zur Aufmunterung in eine fröhliche Gesellschaft ein, findet er, man kümmere sich um alle anderen mehr; bittet man ihn allein zu Gast, unterstellt er, man schäme sich wohl seiner. Wenn man obendrein bedenkt, daß er jedes Flüstern oder Lachen in der näheren oder weiteren Umgebung zunächst einmal auf sich bezieht und keineswegs im freundlichen Sinne, so gehört oft eine gehörige Portion Menschenfreundlichkeit dazu, sich immer wieder seiner anzunehmen, wozu allerdings bemerkt werden muß, daß einem oft aus verwandtschaftlichen oder sonstigen Gründen gar nichts anderes übrigbleibt.

Der muffige Kellner, die schnippische Verkäuferin, der unfreundliche Schalterbeamte oder andere Zeitgenossen, an denen wir unseren gesunden Ärger haben – sie nehmen es als persönliches tragisches Schicksal, weil sie nun einmal in einer Umwelt leben, von der sie sich geringgeschätzt glauben. Frauen dieser Art können etwa noch tagelang davon berichten (in klagendem Ton natürlich), daß der Friseur einer anderen Dame in einem teuren Pelzmantel eher den Kopf gewaschen hat. Und selbstverständlich müssen sie auch ständig auf der Hut sein, daß man sie nicht betrügt. Die Welt ist ja so schlecht, und selbst dem Manne, der das Wasser abliest, schaut man besser auf die Finger. Besser schaut man auch bei der Post ganz genau hin, ob der Beamte nicht das Päckchen zu schwer wiegt, und stellt die Putzfrau mit herumliegendem Geld auf die Probe.

Weil fast alle ewig Beleidigten ungeheuer mißtrauisch sind, fällt man bei ihnen sehr leicht unangenehm auf, so daß sie dann unter Umständen sogar Grund dazu haben, beleidigt zu sein. Das macht sie dann natürlich noch mißtrauischer. Übergeht man sie bei einer Einladung, besucht man ohne sie eine Ausstellung, die sie auch sehen wollten, behauptet man, das Kurhotel habe kein Bett mehr frei gehabt, oder gibt man ein eher greuliches Geschenk von ihnen weg – garantiert kommen sie einem auf die Schliche. Und dann ist die Kränkung so groß und schwer, daß sie über Jahre weder vergeben noch vergessen werden kann.

Aber auch mit ganz harmlosen Dingen fügen wir ihnen Beleidigungen zu, von denen wir zumeist erst hintenherum erfahren: eine Laufmasche in unserm Strumpf, ein Kuchen, der in der Mitte klitschig war, ein Kind, das vom Spielen leicht angeschmuddelt hereinkam, zeigen ganz deutlich: „Für mich ist das ja alles gerade gut genug."

Das nächste Weihnachtsfest wird bestimmt anders!

Immer, wenn das Weihnachtsfest vorbei ist, faßt man mannhafte Entschlüsse, wie man es im nächsten Jahr nicht wieder machen wird. Natürlich, es war ein herrliches Fest und nicht, daß man unzufrieden wäre – aber dennoch, im nächsten Jahr soll dieses und jenes anders werden.

Zunächst einmal wird man im Januar beginnen – ach, nein, doch lieber im Februar, denn im Januar hat man noch genug am vergangenen Weihnachtsfest zu knabbern – monatlich eine bestimmte Summe zurücklegen, damit man im nächsten Dezember nicht allzusehr in die Klemme gerät. Und dann wird man früh einkaufen, sehr früh sogar, denn kurz vor dem Fest hat man weder die Ruhe noch die Zeit, die man braucht, um mit allem Bedacht für jeden lieben Menschen ein passendes Geschenk zu wählen. Und was hindert einen eigentlich, die Babypuppe für das Patenkind schon im Oktober auszusuchen und zu behäkeln? Und überhaupt wird man den ganzen Wahnsinn mit den vielen und teuren Geschenken im nächsten Jahr bestimmt nicht wieder mitmachen. Einer steigert den andern in die Höhe, und die Ansprüche werden immer unbescheidener! Wenn man bedenkt, daß in Großmutters Kinderbüchern die lieben Kleinen selig waren, wenn sie ein paar neue Strümpfe und eine Handvoll Äpfel und Pfeffernüsse bekamen, und daß Vater über ein Päckchen extraguten Tabaks sich vor Freude nicht zu lassen wußte! Nein, ganz bestimmt wird man wieder den Weg echter Bescheidenheit beschreiten! Auch die Weihnachtspakete sollen dann nicht erst im letzten Augenblick abgeschickt werden, wenn man ohnehin nicht weiß, wo einem der Kopf steht. Und warum sollte es eigentlich nicht im nächsten Jahre einmal gelingen, in der Kirche einen Sitzplatz zu ergattern, wenn man wirklich rechtzeitig aus dem Hause kommt? Und dann wird man ganz bestimmt nicht wieder für die Feiertage so viel zum Essen und Trinken einkaufen, als habe man einen Feldzug zu verproviantieren. Erfahrungsgemäß mag man schon am Weihnachtsabend kein Marzipan mehr sehen, und vielleicht sollte man statt der Gans, die in mancherlei Gestalt noch mehrmals auf den Tisch kommt, ungeachtet aller Proteste in der Familie, die zwar auf Tradition hält, aber lustlos in Gänseklein und Gänsesuppe herumstochert, wirklich einmal eine leichter zu bewältigende Ente kaufen. Man kennt das ja: Auch das viele Gänseschmalz wird nach der ersten Begeisterung zugunsten von Schinken und Käse stark vernachlässigt. Wenn man ganz tapfer ist und im Laufe des Jahres einen günstigen Termin abpaßt, gelingt es vielleicht auch innerhalb der nächsten elf Monate, Tante Hanni klarzumachen, daß man von den fabelhaften Sammeltassen, die sie einem seit Jahren, ohne Mühe und beträchtliche Unkosten zu scheuen, verehrt, nunmehr endgültig genug hat. Auch sollte man endlich verbreiten – und zwar rechtzeitig –, daß man seine Kleinmädchenvorliebe für zuckersüße Liköre schon seit geraumer Zeit zugunsten härterer Stoffe überwunden hat: Und die weißen Söckchen, die unweigerlich zur großen Weihnachtskindergala gehören, wird man in diesem Jahr ganz bestimmt vorher bereithalten, damit nicht wieder die nervenzerfetzende Sucherei zwischen den weggepackten Sommersachen kurz vor der Bescherung stattfinden muß. Es soll überhaupt im nächsten Jahr alles ein bißchen ruhiger und sinniger zugehen, denn wo steht eigentlich geschrieben, daß Weihnachten unbedingt mit Hetzen verbunden sein muß?

Das wären so im großen und ganzen die wichtigsten Vorsätze für das nächst Jahr, und jeder muß zugeben, daß alles recht einleuchtend und nicht unvernünftig klingt. Wenn bloß eines nicht wäre: Fast die gleichen Vorsätze hatte ich schon im vergangenen Jahr; und im Jahr davor, glaube ich, auch. Aber irgendwie ist dann immer alles ganz anders gekommen, und ich fürchte, so wird es auch in diesem Jahr wieder gehen: Berge von Geschenken werden sich auftürmen, mit viel Liebe und Sorgfalt wird ein besonderes Prachtexemplar der Familie Gans ausgesucht werden, ganz zu schweigen von all den anderen leiblichen Genüssen. Man wird in Entzückungsschreie ausbrechen ob des neunten goldschimmernden Exemplars von Sammeltasse, Unmengen von Marzipan werden schwer wie Blei zusammen mit anderen nahrhaften Süßigkeiten und Likör im Magen ruhen. Man wird mit vom achttägigen großen Weihnachtsabschlußbesorgungsrennen müden Beinen in der Kirche stehen. Und die Finanzlage wird wie immer stark angespannt sein.

Aber alle Welt wird glücklich und zufrieden sein, so wie sie es an den vergangenen Weihnachten ebenfalls war, und das ist schließlich die Hauptsache. Nur eins verläuft bestimmt anders: Eine Viertelstunde vor der Bescherung wird die Oma mit zwei Paar nagelneuen weißen Söckchen für die Kinderweihnachtsgala eintreffen, da sie, wie sie sagt, nicht jedes Jahr das gleiche Theater mit ansehen will. Und auf das, was Omas sagen, kann man sich bekanntlich verlassen. Mehr als auf die besten Vorsätze.

Auf die Geschenke kommt es gar nicht an

Wenn eine schöne Sitte von einem König eingeführt wurde, so gewinnt sie dadurch an hohem Ansehen. Wenn es sich aber gar um drei Könige handelte und noch heilige dazu, so leuchtet jedem ein, daß ein solcher Brauch gar nicht mehr aus der Welt zu schaffen ist. Da man nun aber hierzulande und heutzutage mit Weihrauch und Myrrhe wenig Eindruck machen würde und Gold nicht immer grad zur Hand hat, steht man alle Jahre wieder vor der Frage, was man zum schönen Weihnachtsfest schenken soll.

Manche Menschen machen es einem leicht. Einer meiner Neffen beispielsweise pflegte nicht nur eine genaue Beschreibung nebst Seriennummer der gewünschten Zubehörteile zu seiner Eisenbahn aufzuschreiben, sondern – damit ja kein Irrtum möglich sei – auch noch, diskret in Klammern, den Preis der gewünschten Stücke. Den krassen Gegensatz dazu bildete eine Nichte, die sich lapidar „Was Schönes wie voriges Jahr, aber nichts Praktisches" wünschte. Vorsichtige Leute, die nicht wissen, wie bescheiden sie sein müssen, aber doch keine Chance vergeben wollen, äußern einen Wunsch, den es in allen Preislagen gibt, einen Koffer zum Beispiel oder „etwas" zu meinem Geschirr, ein Buch über Kunst, ein Abendtäschchen oder ein hübsches Armband. Ich mußte allerdings einmal miterleben, wie eine nach diesem Prinzip gewünschte Handtasche von der Beschenkten mit einem Wutschrei in die Ecke befördert wurde mit dem berechtigten Hinweis, so ein „Sonderangebot“ hätte die (sehr elegante) Tante selbst vor zwanzig Jahren nun und nimmermehr in Gebrauch genommen. In einem solchen Fall ergibt sich dann das sehr knifflige (teils pädagogische, teils familiäre) Problem, wie und ob die Abfassung eines Bedanke-mich-Briefes vor sich gehen soll.

Doch vor der Lösung dieses Problems liegt ein anderes, da es ja auch den Anwärtern auf Geschenke tatsächlich echte Problemfälle gibt: den Herrn etwa, der alles schon besitzt, oder das große kleine Mädchen, das keine Spielsachen mehr will, aber auch noch keinen Spaß an hübscher Kleidung findet. Steht man einem solchen Fall übrigens nahe, wird man auch noch von allen möglichen anderen Leuten gefragt, was um Himmels willen denn Peter oder Stefani wohl gerne hätten, so daß man sich unter Umständen noch gedrängt fühlt, sein mühsam auf dem Wege des Nachdenkens geschaffenes geistiges Eigentum entschädigungslos weiterzugeben.

Andere Leute wünschen sich aus lauter Bescheidenheit nichts – und auch das kann einem ganz schön auf die Nerven fallen. „Ach, was wollt ihr mir schon groß schenken!“ oder „Ich habe ja alles, was ich notwendig brauche“, lautet etwa die Antwort auf die entsprechende Anfrage. Da man irgendwie von der ziemlich richtigen Ahnung beseelt ist, daß solche Sprüche beileibe nicht als eine ernstgemeinte Verzichtserklärung aufzufassen sind, kann man wieder nur hoffen, schließlich das richtige Geschenk ausfindig zu machen. Dabei ist zu bedenken, daß es gerade bei älteren Verwandten in ihrem Bekanntenkreis zu einer Prestigefrage wird, was „mein ältester Sohn“ oder „meine Nichte aus Detmold, Sie wissen ja, die dort so gut verheiratet ist...“ geschenkt hat. So muß man sich schon einige Mühe machen, da ja Weihnachten schließlich alle froh und glücklich sein sollen. Dazu gehört natürlich auch das pünktliche Abschicken, denn selbst das allerschönste Weihnachtsgeschenk verliert stark an Wirkung, wenn es erst gegen Neujahr bei uns eintrifft und somit nur verspätet vorgezeigt werden kann.

Lange, ehe die Rede vom „Konsumterror" unter die Leute kam, gab es immer schon jene Menschen, die, nach ihren Wünschen gefragt, stets meinten: „Auf die Geschenke kommt es doch gar nicht an, Hauptsache, wir sind alle fröhlich beisammen" (oder „Ihr denkt lieb an mich" oder „die Kinder sind glücklich!"). Ich erinnere mich an einen einzigen Fall, wo Freunde, die sich ohnehin gerade in einer persönlichen Wirtschaftskrise befanden, dies wörtlich genommen hatten. Offen gestanden: Es wurde kein besonders harmonisches Weihnachtsfest und stand unter dem Motto „... wenigstens eine Kleinigkeit, damit man doch gemerkt hätte, daß ihr an uns gedacht habt..."

Die Welt wird verbessert

Daß die Welt, so wie sie ist, nicht ganz in Ordnung ist, wissen wir eigentlich alle. Und wenn wir glücklich veranlagte Naturen sind, finden wir uns mit dieser Tatsache irgendwie und irgendwann einmal ab, nachdem man vor allem als sehr junger Mensch in der Regel gedacht hat, vieles ließe sich mit einigem Mut und einiger Initiative leicht zum Besseren wenden. Manche – und das sollte man ruhig bewundern – verlieren ihren Eifer auf dem Gebiet der Weltverbesserung bis ins hohe Alter nicht. Leider aber muß gesagt werden, daß es vielen von ihnen mit der ganzen Welt dann doch zu schwierig wird und sie sich auf die Besserung der Menschen ihrer näheren Umgebung beschränken. Und das kann problematisch werden.

Ich erinnere mich da an einen ganz besonders krassen Fall: Eine idealistisch gesonnene Dame glaubte, es nicht ertragen zu können, daß ein befreundetes Ehepaar Silberhochzeit begehen wollte, ohne daß die Silberbraut etwas von der Existenz eines munteren zehnjährigen Knaben ahnte, den der Silberbräutigam sein eigen nannte. Die Idealistin beschloß deshalb, mit dem festlich gekleideten Knaben auf der Silberhochzeit zu erscheinen, um das unwürdige Lügengewebe zu zerreißen und den weiteren Verlauf der Ehe in Ehrlichkeit zu ermöglichen. Jedem anderen, dem sie von diesem menschlich schönen Plan Mitteilung machte, schauderte bei dem Gedanken, und nur mit Aufbietung aller gemeinsamen Kräfte gelang es, sie davon abzubringen. Aber im Grunde genommen liegt sie immer noch auf dem Sprung, dort ordnend einzugreifen. Derselbe Drang war auch in jener Nachbarin übermächtig, die es nach langen Überlegungen für ihre Pflicht hielt – und wie sie versicherte, war es eine schwere Pflicht –, den von der Reise heimkehrenden Eltern mitzuteilen, die halbwüchsigen Kinder hätten während der elterlichen Abwesenheit eine Party gegeben, bei der nicht nur eine Fensterscheibe zersprungen sei, sondern auch ein Streifenwagen gegen die allzu laute Beatmusik hätte zu Hilfe gerufen werden müssen. Überhaupt ist der Drang, bei der Erziehung von Kindern anderer Leute verbessernd einzugreifen, besonders verbreitet. Das beginnt bei der Ermahnung an ein ungebärdiges Kleinkind: „Du mußt aber doch tun, was deine Mutti sagt!" und endet bei den Beschreibungen dessen, was sie täten, wenn der eigene – nicht vorhandene – Sohn mit solchen Haaren herumliefe.

Manche sehen auch eine wichtige Aufgabe zur Verbesserung der Umwelt darin, daß sie sich pausenlos dafür einsetzen, daß alle Mitmenschen im heiratsfähigen Alter auch heiraten. Man redet den Unverheirateten gut zu, macht sie nicht nur auf passende Partner aufmerksam, sondern auch auf selbstgebackene Kuchen, auf Talente beim Füttern eines Babys und beim Anbringen eines Gardinenbrettes. Und für Gelegenheiten zum Alleinsein der Kandidaten mit vorausgegangenen neckischen Sprüchen – damit auch nichts dem Zufall überlassen bleibt – wird auch gern gesorgt.

Ein weites Betätigungsfeld für Menschen mit dem Trieb, anderen auch ohne deren ausdrücklichen Wunsch helfend, ratend und die Augen öffnend zur Seite zu stehen, bieten natürlich auch die Ehen anderer Leute. Vor allem was das Augenöffnen betrifft, wird da Großes geleistet.

Zwar handelt es sich nicht immer um so gravierende Dinge wie einen munteren Zehnjährigen (siehe oben), aber es scheint offenbar notwendig, einem heimkehrenden Ehemann zu berichten, seine Frau – nicht daß man sich etwas dabei dächte – sei während seiner Abwesenheit mehrfach recht spät heimgekommen. Und wenn eine Frau es ohne Überprüfung hinnimmt, daß ihr Mann abends Überstunden macht, ist es unverantwortlich, ihr nicht klarzumachen, daß die Welt im allgemeinen schlecht ist und die Männer im ganz besonderen noch schlechter sind. Häufig und gern wird der Mitmensch auch dazu aufgefordert, für irgend etwas unbedingt zu sorgen: zum Beispiel dafür, daß der Ehemann weniger rauchen solle, daß die Tochter ihre Wäsche nicht auf dem Balkon trocknet, daß der Sohn sich etwas mehr um seine alten Eltern kümmern müsse und so weiter, und so weiter.

Sollten übrigens solche Bemühungen um das Wohl der Mitmenschen zu Aufregung und Ärger führen, so können Sie immerhin gewiß sein: Man hatte doch nur Ihr Bestes im Sinn!

Eigentlich geht mich das ja gar nichts an!

Als vor noch gar nicht so langer Zeit die Ehe eines uns befreundeten Paares endgültig in die Brüche ging, waren alle Freunde und näheren Bekannten von hilflosem Mitgefühl erfüllt. Dies aber hinderte uns nicht, die Angelegenheit in klatschen und wenn doch, dann nur mit Leuten, auf deren aller Ruhe und Ausführlichkeit zu besprechen: seine Fehler und ihre Fehler, wie lange man es schon hat kommen sehen, den Charakter des Scheidungsgrundes, die finanziellen Auseinandersetzungen, mehr oder weniger düstere Prognosen für die Zukunft des neuen Paares und Rückblicke auf die Vergangenheit (mit besonderer Berücksichtigung all der Erlebnisse, die eigentlich die beiden hätten zusammenschweißen sollen). Höchst ungern gebe ich zu, daß auch einige komische Aspekte der Sache herausgefunden wurden, über die wir – trotz aller Bekümmernis – recht von Herzen lachten. Am Schluß stellte schließlich jemand mit betont tugendhafter Miene fest: „Eigentlich geht uns das ja alles gar nichts an!“

Abgesehen davon, daß uns die Schicksale unserer Freunde bis zu einem gewissen Grade doch etwas angehen – wenn auch nicht bis in alle indiskreten, aber interessanten Einzelheiten –, hatte aber ganz sicher jene Freundin recht, die bemerkte: „Wo kämen wir bloß hin, wenn wir nur noch über die Sachen reden würden, die uns etwas angehen?“ Damit traf sie den Nagel auf den Kopf. Denn die sehr ehrenwerten Leute, die aus Prinzip ein Leben lang nur über Politik, schöne Literatur, über Autos, Urlaubsreisen und das Wetter reden, müssen doch auf ein besonders spannendes Gesprächsthema verzichten: die anderen Leute. Menschen sind nun einmal das Interessanteste, was es gibt; da kann kein noch so ausgefallenes Wetter konkurrieren. Außerdem ist es eine bekannte Tatsache, daß man im Gespräch sehr leicht vom Wetter auf die extrem wetterfühlige Tante, von Autos auf Angeber und von Literatur auf den persönlich eher unangenehmen Dichter kommt. So ist man schon wieder mitten im schönsten Klatsch!

Leider muß auch erwähnt werden, daß die Kindererziehung, das Finanzgebaren, das Benehmen anderer Leute höchst lohnende Themen sind, wobei einen das allermeiste davon doch gar nichts angeht. Aber es verbindet ungemein mit den Gesprächspartnern, wenn man mit ihnen wenigstens auf einem dieser Gebiete völlig einer Meinung ist; ja, da der Mensch nun einmal nicht immer gut sein kann, verbittert es sogar, wenn jemand im Kreis an den kritisch besprochenen Mitmenschen nur Gutes, Edles und Schönes sieht. Es ist auf die Dauer eben sehr langweilig, immer wieder zu konstatieren, wie tüchtig und hübsch und klug und bescheiden und reizend alle Abwesenden sind.

Selbst über Leute, die man wirklich mag, fällt einem hin und wieder etwas Komisches oder gar Boshaftes ein. Es existieren nicht ganz schmeichelhafte Spitznamen, und man amüsiert sich etwa über deren völlig unfachmännische Art der Hundedressur oder der Heimkaltwelle. Deswegen ist es auch wahrhaft kriminell, wenn zuweilen dem Betroffenen von entweder dummen oder bösartigen Leuten gemeldet wird, wer wann was zu wem über ihn gesagt hat.

Da dies oft auch noch unter dem Siegel tiefster Verschwiegenheit geschieht, fühlt sich ein an sich harmloser Mensch mit einem bedauerlicherweise losen Mundwerk unter Umständen von lieben guten Freunden kühl behandelt, weil irgendein Dritter nichts Besseres zu tun hatte, als denen haarklein zu berichten, was er an spöttischen Bemerkungen über gewisse hypochondrische Eigenschaften mitgehört hat. Man sollte also eigentlich überhaupt nicht klatschen, und wenn doch, dann nur mit Leuten, auf deren Stillschweigen man sich felsenfest verlassen kann.

Mit dem Stillschweigen ist das aber so eine Sache: Jeder, der schon einmal einen richtig aufregenden Klatsch gehört hat, weiß, wie es brennt, ihn für sich behalten zu müssen. So hat manch schöne Geschichte die Runde gemacht – immer unter dem Siegel tiefster Verschwiegenheit. Und wie sagte doch die eine der beiden stadtbekannten Klatschbasen, als man sie um Diskretion bat? „Tut mir wirklich leid, aber meine Schwester ist damit schon los!“